저의 직업은 관세사입니다

저의 직업은 관세사입니다

발행일	2021년 7월 2일		
지은이	김상균		
펴낸이	손형국		
펴낸곳	(주)북랩		
편집인	선일영	편집	정두철, 윤성아, 배진용, 김현아, 박준
디자인	이현수, 한수희, 김윤주, 허지혜	제작	박기성, 황동현, 구성우, 권태련
마케팅	김회란, 박진관		
출판등록	2004. 12. 1(제2012-000051호)		
주소	서울특별시 금천구 가산디지털 1로 168, 우림라이온스밸리 B동 B113~114호, C동 B101호		
홈페이지	www.book.co.kr		
전화번호	(02)2026-5777	팩스	(02)2026-5747

ISBN   979-11-6539-862-0 03320 (종이책)   979-11-6539-863-7 05320 (전자책)

(주)북랩 성공출판의 파트너

북랩 홈페이지와 패밀리 사이트에서 다양한 출판 솔루션을 만나 보세요!
홈페이지 book.co.kr   • **블로그** blog.naver.com/essaybook   • **출판문의** book@book.co.kr

작가 연락처 문의 ▶ ask.book.co.kr

작가 연락처는 개인정보이므로 북랩에서 알려드릴 수 없습니다.

생활 속 관세&무역 이야기
그리고 관세사가 실제 쓴 의견서

저의 직업은
관세사입니다

김상균 지음

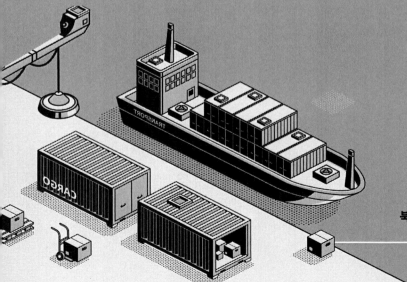

북랩 book Lab

들어가는 글

|

저의 첫 번째 저서인 『관세사무소에서 희망을 찾다』가 세상에 나온 지 얼마 되지 않았음에도 불구하고 많은 분들이 책을 읽은 후 소감을 말씀하여 주셨습니다.

치열한 현 시대를 살아가는 개업 관세사의 솔직한 모습을 엿볼 수 있네요. 개업을 생각하는 분들에게 복잡하고 무거운 주제를 가볍게 던져주기에 많은 생각의 물꼬를 틀 수 있게 해 주는 책인 것 같습니다. 중간 중간 삽입된 회사양식도 참고하기에 유용하고요. 미래에는 저자 분의 감동적이고 재미있는 성공스토리도 읽을 수 있기를 기대해 봅니다.

관세사님께서 직원과 고객을 생각하시는 마음을 볼 수 있었습니다. 사업 운영하시는 어려움도 느낄 수 있었네요. 명함에 상호도 크게 하시는 의미와 직원들 여행도 보내주시는 동행의 의미 또한 와닿았습니다.

진심을 담은 글과 열심히 뛰셨던 에피소드를 보니 앞으로 많은 조언과 도움을 받을 수 있지 않을까 생각도 드네요. 책을 너무 재미있게 잘 읽었습니다. 어젯밤에 책을 다 읽고 기분 좋은 여운이 남아서 감사의 인사말을 전하고 싶다는 생각이 들어 아침에 메시지를 남겨드립니다.

『관세사무소에서 희망을 찾다』의 저자인 제가 말씀드리기에는 많이 부끄럽고 창피하지만 '감동적이다'라는 소감이 많았습니다. 개업 준비 과정, 영업 방법 그리고 동행 관세사무소의 이야기를 하며 그 안을 보여드렸습니다. 시행착오의 기록에 대한 진정성이 많은 분들에게 따뜻하고 진솔하게 다가간 것으로 생각합니다.

반면에 어렵고 힘든 개업 과정과 영업 방법에 대한 동행 관세사무소만의 노하우를 책을 통하여 경쟁자일 수 있는 관세사님 그리고 컨설턴트님에게 공표하는 것에 대한 우려의 마음을 전달하신 분들도 있습니다. 물론 누구보다 동행 관세사무소를 사랑하고 아껴주시는 분들입니다. 이 부분에 대한 저의 생각은 동행 관세사무소만의 노하우가 아니라 많은 분들이 당연히 생각하는 것을 제가 글로 체계적으로 표현한 것입니다. 고맙습니다. 감사합니다.

『관세사무소에서 희망을 찾다』의 「글을 시작하며」 부분에 언급하였습니다. 관세사가 더 나은 서비스를 제공할 때 한국 무역을 선도하는 업체의 경쟁력은 더욱 강해질 수 있으므로 관세사의 역할이 그만큼 중요합니다. 또한 「글을 마치며」 부분에 언급하였습니다. 대한민국의 혈관을 움직이는 관세직 공무원분, 관세사, 창고업체, 운송업체, 포워더 그리고 수출입 업체 등 우리는 가족입니다. 각자 위치에서 최선을 다하는 우리가 있기에 대한민국 혈관은 이상 없습니다.

제가 거창하게 비유하겠습니다. '탈무드'의 명언이 떠오릅니다. "한 개의 촛불로서 많은 촛불에 불을 붙여도 처음 촛불의 빛은 약해지지 않는다."

본서는 크게 2장으로 구성되어 있습니다. 제1장은 저의 교육 방식인 관세&무역 사례 콘텐츠를 모아 생활 속 관세&무역 이야기로 구성하였습니다. 제2장은 동행 관세사무소에서 고객에게 실제 쓴 의견서로 구성하였습니다. 교육 방식은 피교육자분들이 꾸벅꾸벅 조는 모습에 이렇게 교육을 해서는 안 되겠구나 생각해서 연구한 것입니다. 흔히 영어회화를 할 때 어려운 단어를 사용하는 대신 쉬운 단어를 사용하여 의사소통의 목적을 이루는 것이 영어 회화를 잘 하는 것이라고 합니다. 관세사는 관세법, 환급특례법, 대외무역법, 외국환거래법, FTA 특례법 등 그리고 관련 시행령, 시행규칙, 고시 등을 다루는 직업입니다. 법 등의 내용을 어렵고 딱딱하게 고객에게 전달한다고 고객이 관세사를 유식(有識)하게 본다고 생각하지 않습니다. 관세사가 실제 쓴 의견서는 업체가 알아야 할 업무를 정리하여 드리고 업체가 보고하여야 할 부분을 도와드리기 위하여 작성한 것입니다. 제시되는 의견서의 분야별 샘플은 가급적 업체의 난해한 질의가 아닌 보편적인 질의에 대한 의견서로 제시하였습니다. 업체의 상호, 경영정보 등은 삭제하였습니다. 작성 시기에 따라 현재 법률과 맞지 않는 부분이 있을 수 있습니다. 의견서의 모든 내용은 일반적인 정보 제공을 위한 것일 뿐이며 유권해석이 아닙니다.

생활 속 관세&무역 이야기와 관세사가 실제 쓴 의견서는 관세&무역에 관심 있는 학생, 일반인부터 수출입 업체 업무 담당자 그리고 관세사 등에게 관세&무역을 바라보는 시각을 달리하고 업무의 귀감이 되고자 책을 쓰게 되었습니다.

이 책은 동행 관세사무소와 저의 노하우 내용일 수 있습니다. 동행 관세사무소의 경영방침 세 번째 '더 나아가 사회와 동행하겠습니다.'를 기억하시는지요? 사회와의 동행은 더 많은 동행의 동반자로 나타날 것임을 확신합니다.

저의 교육 방식과 실제 쓴 의견서를 여러분에게 보여드리고자 하오니 실오라기 하나 걸치지 않은 알몸을 보여주는 심정입니다. 많은 기업이 만족하는 강한 관세사무소입니다. 그 이야기를 다시 시작합니다. 한 번 더 너그럽게 함께 해주시기 바랍니다. 저의 직업은 관세사입니다.

2021년 7월

김상진

CHAPTER 2 ㅣ 관세사가 실제 쓴 의견서

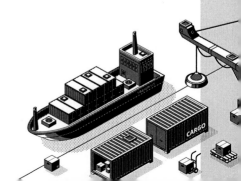

저의 직업은 **관세사**입니다

CHAPTER 1

생활 속
관세&무역 이야기

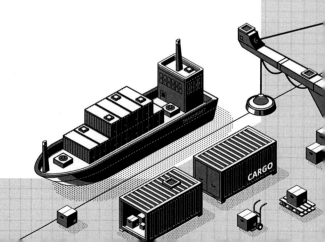

딱딱한 법 조항을 설명할 때 그림이나 사진을 사용하여 이야기를 만들어 설명합니다. 법 조항에 이야기를 만들어 생명을 불어넣는 것이 쉬운 작업은 아닙니다. 관세&무역의 초급자 대상을 위한 교육 또는 관세&무역 교육의 소개 부분에 이와 같은 방식을 사용하면 교육 집중을 높이며 교육이 아닌 이야기의 장(場)이 됩니다. 실제로 이러한 독특한 교육 방식으로 수출입 업체뿐만 아니라 협회, 대학교 및 고등학교 등에서 교육 요청이 많이 들어옵니다.

아들아! 밥벌이는 하냐?

아버지와 저는 목욕탕을 좋아합니다. 그러나 코로나19가 대유
행하면서 아버지와 함께 목욕탕에 가는 시간을 잃었습니다. 정말
아쉽습니다. 2010년 8월의 무더운 어느 날, 아버지를 모시고 동네
목욕탕에 갔습니다. 그날 아버지의 등을 밀어드리고 있었습니다.
그때 아버지의 말씀을 뚜렷이 기억합니다. '아들아! 밥벌이는 하
냐?' 저는 찰나였지만 생각했습니다. 갑자기 아버지가 왜 이런 말
씀을 하실까? 혹시 숨겨둔 재산을 나에게 증여하고자 하시나? 살
짝 떨리는 마음을 가지고 저는 아버지에게 물었습니다. 아버지!
왜 그런 말씀을 하세요? 직장 잘 다니고 있습니다. 밥벌이는 하고

있습니다. 그러자 아버지가 말씀하셨습니다. 아버지가 다 알고 있다. 텔레비전과 신문 등 언론을 통해서 다 알고 있다.

여러분! 제 아버지의 말씀이 무슨 의미일까요? 아버지와 함께 동네 목욕탕을 간 날은 2010년 8월의 어느 날입니다. 2010년 7월 1일에 무슨 사건이 있었는지 기억하시나요? 바로 한-EU FTA 발효일입니다. 한-EU FTA와 관련하여 텔레비전과 신문 등 언론에서는 B社, A社 등 유럽산의 자동차가 대한민국으로 수입될 때 관세율이 낮아져 대한민국 국민들이 유럽산 자동차를 많이 구입할 것을 예상하는 내용을 보도했습니다. 또한 프랑스산 와인이 대한민국으로 수입될 때 관세율이 낮아져 대한민국 국민들이 프랑스산 와인을 많이 마실 것을 예상하는 내용을 보도했습니다. 이러한 내용의 보도는 역으로 생각하면 대한민국산 자동차와 소주의 위기를 의미하는 내용입니다. 여러분도 한-EU FTA 발효로 인하여 유럽에서 대한민국으로 수입될 때 물품의 관세율이 낮아지거나 관세 없이 수입될 것이라는 내용의 언론을 접한 기억이 있으신지요? 그 반대의 경우도 마찬가지겠죠.

한-EU FTA 발효로 인하여 유럽에서 대한민국으로 수입될 때 물품의 관세율이 낮아지거나 관세 없이 수입될 것이라는 내용의 언론을 접한 아버지는 관세사가 직업인 아들의 밥벌이를 걱정한 것입니다. 여러분! 저의 아버지의 생각이 맞습니까? 틀립니까? 관세와 무역을 잘 모르는 일반인들은 착각하기 쉬운 부분입니다. 네, 저의 아버지의 생각은 틀렸습니다.

저의 저서인 『관세사무소에서 희망을 찾다』에서 밝혔듯이 제가 2003년 관세사자격시험에 합격했을 당시 대한민국은 어느 국가와도 FTA 체결이 되어 있지 않았습니다. 2004년 4월 1일 한-칠레 FTA가 발효되고 그 이후 동시다발적으로 FTA가 체결 및 발효됩니다. 2010년 7월 1일 한-EU FTA가 발효되기 전에 한-칠레 FTA, 한-싱가포르 FTA, 한-EFTA FTA, 한-아세안 FTA, 한-인도 CEPA가 이미 발효가 된 상황이었습니다. 그런데 한-EU FTA는 그 이전의 FTA보다 경제 규모가 거대하고 FTA 발효에 따른 파급효과가 크기에 언론에서 대규모로 보도를 하였습니다. 아버지가 그런 언론을 많이 접하고 말씀을 하신 것입니다.

사실 FTA가 하나씩 발효될 때마다 관세사는 공부할 것이 많아집니다. 새로운 법이 하나씩 생긴다고 말씀을 드려야 할까요? FTA 원산지증명서의 양식 및 발급 방식, 직접운송원칙의 조건,

HS번호별 원산지결정기준 등 FTA별로 그 내용이 상이하기 때문입니다. FTA 발효로 인하여 관세율이 낮아지거나 없어져 국가 간의 물동량은 증가하고 관세사가 체크할 사항은 많아집니다.

FTA 발효 현황	발효 일자
칠레	2004.4.1
싱가포르	2006.3.2
EFTA	2006.9.1
아세안	2007.6.1(국가별 상이)
인도	2010.1.1
EU	2011.7.1
페루	2011.8.1
미국	2012.3.15
터키	2013.5.1
호주	2014.12.12
캐나다	2015.1.1
중국	2015.12.20
뉴질랜드	2015.12.20
베트남	2015.12.20
콜롬비아	2016.07.15
중미	2019.10.1(국가별 상이)
영국	2021.1.1

상균아! 퇴근 후 바로 건대입구역으로 나와라

약 10년 전에 회사에서 열심히 근무하고 있었습니다. RING! RING! 전화벨이 울립니다. 선배로부터의 전화입니다. 그 당시 선배는 ○○상사에서 근무하고 있었습니다. 선배님! 오랜만입니다. 그래, 상균아! 오늘 퇴근 후 뭐하나? 네, 선배님. 오늘은 일이 많아 야근을 해야 합니다. 선배가 부탁을 합니다. 미안하지만 퇴근 후 중간 위치에서 잠시 만나자. 건대입구역으로 나와라. 마음 한 구석에 업무의 부담감을 안고 건대입구역으로 나갔습니다. 선배를 만났습니다. 선배가 소주 한잔을 건넵니다. 선배는 ○○상사에서 무역계약 담당자입니다. 이야기를 들어보니 선배는 FTA로 인하여 스트레스를 받는다고 합니다. 선배는 일반적인 무역 지식은 가지고 있으나 FTA 관련 지식은 업데이트를 하고 있지 않았습니다.

여러분! 다시 말씀드리지만 약 10년 전의 일입니다. 그 선배의 업무는 무역계약 담당입니다. 고민은 이렇습니다. FTA 시대 이전으로 돌아가겠습니다. 'A' 물품을 대한민국으로 수입하는 경우 각 국가의 'A' 물품 단가를 비교하여 계약을 합니다. 다시 말해 어느 국가로부터 대한민국으로 수입이 되어도 관세율은 동일했기 때문입니다. 여기서 각 국가의 'A' 물품은 단가를 제외한 모든 면에서 동일합니다. 또한 잠시 어느 국가로부터 대한민국으로 수입하는 경우 운임과 보험료는 무시하겠습니다.

그런데 FTA 발효로 인하여 FTA 체결 국가의 'A' 물품 단가가 높아도 FTA 체결 국가로부터 수입하는 경우 관세율이 낮아서 관세액의 부담이 적어집니다. 이제 FTA 체결 국가로부터 수입하는 경우 물품 단가만으로 원가 계산이 되지 않으며 관세율을 따져봐야 합니다.

선배님! 앞으로 FTA 공부 안 하시면 업계를 떠나세요. 술잔을 비웁니다.

(실제지급금액+가산요소(운임 등)-공제요소) × 관세율 = 관세액

관세법 제30조(과세가격 결정의 원칙)(일부 발췌)

① 수입물품의 과세가격은 우리나라에 수출하기 위하여 판매되는 물품에 대하여 구매자가 실제로 지급하였거나 지급하여야 할 가격에 다음 각 호의 금액을 더하여 조정한 거래가격으로 한다. 다만, 다음 각 호의 금액을 더할 때에는 객관적이고 수량화할 수 있는 자료에 근거하여야 하며, 이러한 자료가 없는 경우에는 이 조에 규정된 방법으로 과세가격을 결정하지 아니하고 제31조부터 제35조까지에 규정된 방법으로 과세가격을 결정한다.
1. 구매자가 부담하는 수수료와 중개료. 다만, 구매수수료는 제외한다.
2. 해당 수입물품과 동일체로 취급되는 용기의 비용과 해당 수입물품의 포장에 드는 노무비와 자재비로서 구매자가 부담하는 비용
3. 구매자가 해당 수입물품의 생산 및 수출거래를 위하여 대통령령으로 정하는 물품 및 용역을 무료 또는 인하된 가격으로 직접 또는 간접으로 공급한 경우에는 그 물품 및 용역의 가격 또는 인하차액을 해당 수입물품의 총생산량 등 대통령령으로 정하는 요소를 고려하여 적절히 배분한 금액
4. 특허권, 실용신안권, 디자인권, 상표권 및 이와 유사한 권리를 사용하는 대가로 지급하는 것으로서 대통령령으로 정하는 바에 따라 산출된 금액
5. 해당 수입물품을 수입한 후 전매·처분 또는 사용하여 생긴 수익금액

중 판매자에게 직접 또는 간접으로 귀속되는 금액

6. 수입항(輸入港)까지의 운임·보험료와 그 밖에 운송과 관련되는 비용으로서 대통령령으로 정하는 바에 따라 결정된 금액. 다만, 기획재정부령으로 정하는 수입물품의 경우에는 이의 전부 또는 일부를 제외할 수 있다.

② 제1항 각 호 외의 부분 본문에서 "구매자가 실제로 지급하였거나 지급하여야 할 가격"이란 해당 수입물품의 대가로서 구매자가 지급하였거나 지급하여야 할 총금액을 말하며, 구매자가 해당 수입물품의 대가와 판매자의 채무를 상계(相計)하는 금액, 구매자가 판매자의 채무를 변제하는 금액, 그 밖의 간접적인 지급액을 포함한다. 다만, 구매자가 지급하였거나 지급하여야 할 총금액에서 다음 각 호의 어느 하나에 해당하는 금액을 명백히 구분할 수 있을 때에는 그 금액을 뺀 금액을 말한다.

1. 수입 후에 하는 해당 수입물품의 건설, 설치, 조립, 정비, 유지 또는 해당 수입물품에 관한 기술지원에 필요한 비용

2. 수입항에 도착한 후 해당 수입물품을 운송하는 데에 필요한 운임·보험료와 그 밖에 운송과 관련되는 비용

3. 우리나라에서 해당 수입물품에 부과된 관세 등의 세금과 그 밖의 공과금

4. 연불조건(延拂條件)의 수입인 경우에는 해당 수입물품에 대한 연불이자

유럽산 자동차? 유럽 브랜드 자동차?

FTA에 대하여 극단적인 상황을 가정합니다. 유럽 자동차 제조업체가 있습니다. 글로벌 기업이기에 자동차 제조 공장은 독일과 중국에 위치하고 있습니다. 동일 모델을 제조함에 있어 그 모델에 투입되는 원재료(철강 등) 가격, 독일 노동자와 중국 노동자의 임금 등 모든 조건이 동일합니다. 다시 말해 독일에서 제조하는 자동차 가격이 5만$이며 중국에서 제조하는 자동차 가격도 5만$입니다.

자동차가 독일에서 대한민국으로 수입되는 경우 운임이 5천$,

보험료가 1천$라고 가정합니다. 그리고 자동차가 중국에서 대한민국으로 수입되는 경우 운임이 1천$, 보험료가 200$라고 가정합니다. 운임과 보험료는 중국에서 대한민국으로의 거리가 독일에서 대한민국으로의 거리보다 짧기 때문에 상대적으로 저렴합니다.

여기서 잠깐! 관세 및 무역을 처음 접하시는 분은 물품의 가격에 관세율을 곱하여 관세액이 산정된다고 생각합니다. 대한민국 관세법은 물품의 가격에 일정 요소를 가산하여 관세율을 곱하여 관세액을 산정합니다. 쉽게 간단한 보편적인 케이스를 말씀드리면 물품가격에 해외에서 대한민국 도착까지의 운임과 보험료를 더하여 관세율을 곱합니다. 그 결과가 관세액입니다.

(실제지급금액+가산요소(운임 등)-공제요소) × 관세율 = 관세액

FTA가 체결되기 전에는 승용자동차는 독일에서 수입되나 중국에서 수입되나 똑같이 8%의 WTO 협정관세율이 적용되었습니다. 다음의 표를 살펴보겠습니다.

FTA 체결 전

독일에서 대한민국으로 수입

(5만$+5천$+1천$) × 8% = 4,480$(관세액)

중국에서 대한민국으로 수입

(5만$+1천$+2백$) × 8% = 4,096$(관세액)

FTA 체결 후

독일에서 대한민국으로 수입

(5만$+5천$+1천$) × 0% = 0$(관세액)

중국에서 대한민국으로 수입

(5만$+1천$+2백$) × 8% = 4,096$(관세액)

FTA 체결 전에는 중국에서 대한민국으로 수입하는 경우가 관세액이 더 낮습니다. 그런데 한-EU FTA 발효로 인하여 독일에서 대한민국으로 수입되는 경우 0%의 관세율이 적용됩니다. 즉 관세의 과세표준이 상대적으로 큼에도 불구하고 관세율이 0%이므로 관세액이 0$입니다. 물론 한-EU FTA가 발효되고 한-중국 FTA도 발효되었습니다. FTA가 발효되어도 HS번호별로 관세율이 다르며 연도별로 관세율이 다를 수 있습니다. 극단적인 상황을 가정한

것이지만 이제 무역계약의 담당자인 저의 선배의 고충을 이해하십니까? FTA별, HS번호별, 연도별 등에 따라 관세율이 다르므로 체크할 사항이 많아졌습니다.

FTA

휴양지인 괌은 한-미 FTA 적용을
받을 수 있나요?

가족여행과 태교여행으로 인기가 많은 휴양지인 괌은 미국령입
니다. 예상하건대 코로나19 대유행이 끝나면 엄청난 인파가 괌을
포함하여 해외여행을 갈 것입니다.

2012년 3월 15일 한-미 FTA가 발효되었습니다. 미국령인 괌으
로부터의 수입은 한-미 FTA 적용을 받을 수 있을까요? 미국령인
사이판으로부터의 수입은 한-미 FTA 적용을 받을 수 있을까요?
그럼 하와이로부터의 수입은 한-미 FTA 적용을 받을 수 있을까

요? 또 하나 질문하겠습니다. 前 MLB 선수인 카를로스 벨트란의 국적은 푸에르토리코입니다. 엉뚱할 수 있지만 푸에르토리코로부터의 수입은 한-미 FTA 적용을 받을 수 있을까요? 갑자기 한-미 FTA를 이야기하면서 푸에르토리코를 왜 언급하는지 궁금할 수 있습니다. 어쨌든 정답은 하와이와 푸에르토리코로부터의 수입은 한-미 FTA 적용을 받을 수 있으며, 괌과 사이판으로부터의 수입은 한-미 FTA 적용을 받을 수 없습니다. 한-미 FTA 협정 체결 내용입니다.

저는 MLB 경기를 보면서 푸에르토리코 선수가 나오면 한-미 FTA가 떠오릅니다. 이제 우리는 괌 망고를 먹으면 괌은 한-미 FTA와 관계가 없다고 떠오릅니다. 물론 하와이와 푸에르토리코의 한-미 FTA 적용은 원산지결정기준 충족, 직접운송원칙 조건 충족 그리고 원산지증명서 양식 등 FTA 협정에서 정한 제반 사항을 충족하여야 합니다.

FTA

삼겹살에 소주 한잔 어때?

　코로나19가 대유행하면서 식당에서의 삼겹살에 소주 한잔이 그립습니다. 코로나19로 인하여 음식을 포장 구입하여 사무실에서 회식을 하지만 음식의 맛은 식당에서 먹어야 더 맛있다고 생각합니다. 관세사인 저를 친구로 둔 친구가 괴로워합니다. 친구에게 묻습니다. 친구야! 이 삼겹살의 원산지가 미국이라고 메뉴판에 기입되어 있는데 원산지결정기준이 어떻게 될까? 친구는 답이 없습니다. 술을 계속 마십니다. 여러분! 원산지가 다른 삼겹살을 먹을 때마다 삼겹살의 원산지결정기준을 정리하면 어떠할까요?

일반 기준	완전생산기준	
	실질적변형기준	세번변경기준
		부가가치기준
		특정공정기준
보충 기준	직접운송원칙	
	불인정공정	
	누적기준	
	미소기준	
	중간재료	
	대체가능물품	
	간접재료	
	용기, 포장	
	부속품, 공구	
	세트물품	
	역내가공원칙	

동시다발적인 FTA를 돌아보다

『김현종, 한미 FTA를 말하다』라는 책을 오래전에 읽었습니다. 그 책의 내용 중에 그 당시 저에게 충격을 준 문구가 있습니다. "WTO 150개 회원국 중에서 FTA를 체결하지 않은 국가는 단 두 나라밖에 없었다. 한국과 몽골이었다." 바로 이 문구입니다. 대한민국의 최초 FTA는 한-칠레 FTA이며 발효일이 2004년 4월 1일이니까 그 전까지는 유효한 내용의 문구입니다.

돌아보면 대한민국은 2002년 FIFA 한-일 월드컵으로 뜨거웠습니다. 약 20년 전의 기억이지만 대한민국은 그 당시에도 세계에서 경제 대국이었습니다. 그러한 대한민국이 WTO 150개 회원국 중에서 FTA를 체결하지 않은 국가 두 나라 중에 하나였습니다. 살짝 돌려서 말하면 대한민국은 경제 대국이었지만 FTA에 대해서는 무관심 혹은 잘 몰랐던 것은 아닐까요? 비슷한 맥락에서 『김현종, 한미 FTA를 말하다』 책에 "멕시코는 김대중 정부 때 FTA를 제안해 왔다. 그러나 우리나라는 지극히 소극적으로 대응했다. 그때 우리 정부가 알았는지 모르겠지만 멕시코 정부는 불쾌해했다" 라는 에피소드가 나옵니다.

2004년 4월 1일 한-칠레 FTA 발효를 시작으로 대한민국은 동시다발적으로 FTA를 체결 및 발효하기 시작하였습니다. 여러분은 이 부분을 어떻게 생각하십니까? 시간은 흘렀지만 돌아보면 현직 관세사로서 보고 느끼기에 그 당시 관세사뿐만 아니라 관세직 공무원, 수출입 업체 업무 담당자도 동시다발적으로 체결 및 발효되는 FTA 지식의 속도를 따라가기에 바빴습니다. 급변하고 복잡한 국제무역 환경을 실감했습니다.

변호사는 업무 분야에 따라 조세, 노동, 금융 등등 전문 변호사가 있듯이 관세사도 업무 분야에 따라 수출입통관, 환급, 요건,

FTA, AEO, 기업심사 등등 전문 영역이 있습니다. FTA에 대하여 적극적인 관세사와 소극적인 관세사가 있습니다. 이제는 FTA는 선택이 아닌 필수라는 말도 구식의 표현이 되었습니다. FTA가 무역 그 자체입니다.

불금인데 영화나 볼까?

   역시 코로나19가 대유행하면서 극장에서 팝콘을 먹으며 영화를 관람하던 때가 그립습니다. 오늘은 불금입니다. 오랜만에 친구를 만났습니다. 친구와 소주를 한잔하고 집에 가서 영화를 보고 싶습니다. 서버가 외국에 위치하고 있는 외국인이 운영하는 웹사이트에 접속하여 영화 다운로드를 시작합니다. 일정 금액도 지불하였습니다. 여러분! 제가 다운로드를 받은 영화에 대해서 수입신고를 하여야 할까요? 수입신고를 하였다면 관세 및 부가가치세를 납부하여야 할까요? 다시 질문하겠습니다. 일정 금액을 지불하지 않고 불법으로 다운로드받은 영화에 대해서는 어떠할까요? 몰래 다운로드를 받아서 관세 및 부가세를 납부하지 않아도 될까요?

관세법 제14조(과세물건) 수입물품에는 관세를 부과한다.

관세법 제14조(과세물건)에는 "수입물품에는 관세를 부과한다" 라고 기입되어 있습니다. 수입물품이라 함은 일반적으로 유체물이 떠오르나 가스와 같은 무체물도 있습니다. 유체물이든 무체물이든 수입물품은 인천공항, 인천항, 평택항, 부산항, 울산항 또는 광양항 등을 통해서 대한민국에 도착합니다. 그런데 일정 금액을 지불하고 다운로드받은 영화 그리고 몰래 다운로드받은 영화는 대한민국 공항 또는 항만에 도착하였나요? 네, 도착하지 않았습니다. 그러므로 모두 수입신고 대상이 아닙니다.

관세사님! 영화 수입사입니다

약 5년 전, 영화 수입사 대표님으로부터 다급한 목소리의 전화가 왔습니다. RING! RING! 영화를 수입하였는데 직원이 관세 및 부가세를 납부하지 않고 수입했다는 것입니다. 사실 전화기로 대표님의 이야기를 듣는 중에 강한 확신이 들었습니다. 대표님! 그 영화 필름이 인천공항을 통해 수입되었나요? 아니면 외국 영화사와의 계약에 의하여 웹사이트를 통해 다운로드를 받으셨는지요? 대답은 후자입니다. 본 사례는 하나의 산업과 관세법과의 관계 패러다임이 변화하는 좋은 예라고 생각합니다. 대표님! 수입신고 대상이 아닙니다. 수입신고 대상이 아니기에 관세 및 부가가치세를 납부하지 않습니다. 대신 외국 영화사에게 영화 대가에 대하여 송금할 때 외환코드에 맞게 신고하여 송금하시면 됩니다. 즉 외국환 거래법을 준수하시기 바랍니다.

관세법 제14조(과세물건) 수입물품에는 관세를 부과한다.

단결! 육군 25사단 72연대 출신입니다

저는 육군 25사단 72연대 출신입니다. GOP 순찰 경험은 저에게 특별합니다. 1999년에 국방의 의무를 다하였습니다. 그런 제가 다시 군대 입대를 가정하겠습니다. 입대 후 해외파병이 결정됩니다. 사랑하는 가족을 두고 서울공항 또는 인천공항을 통해 출국합니다. 제가 출국할 때 국방부는 관세사를 통하여 저에 대해 수출신고를 할까요? 아니겠지요. 저는 수출물품이 아닙니다. 물품이 아니라 사람입니다. 출입국관리는 관세청 소속 업무가 아닌 법무부 소속 업무입니다. 여러분이 어학연수 또는 배낭여행을 위하여 출국할 때를 생각하시면 됩니다. 법무부 소속인 출입국관리직 공무원의 심사를 받고 출국합니다. 갑자기 여권에 찍힌 도장의 내용이 궁금해집니다.

해외파병 후 적들과 교전이 발생했습니다. 불행하게도 제가 적의 총탄을 맞고 세상과 작별합니다. 그 이후 전우들이 저를 관 속에 넣고 마침내 대한민국으로 돌아옵니다. 관 속에 있는 저는 수입신고를 할까요? 관 속에 있는 제가 출입국관리직 공무원에게 여권을 내밀고 "도장 찍어주세요"라고 말은 못 하겠죠? 저는 더 이상 사람이 아닙니다. 물품입니다. 수입신고 대상입니다. 하지만 수입통관 사무처리에 관한 고시 제70조에 의거하여 수입신고를 생략합니다. 대상이지만 생략이 되는 것입니다. B/L만 제시하면 됩니다.

수입통관 사무처리에 관한 고시 제70조(수입신고의 생략)

① 다음 각 호의 어느 하나에 해당하는 물품 중 관세가 면제되거나 무세인 물품은 수입신고를 생략한다.
1. 외교행낭으로 반입되는 면세대상물품(법 제88조)
2. 우리나라에 내방하는 외국의 원수와 그 가족 및 수행원에 속하는 면세대상물품(법 제93조제9호)
3. 장례를 위한 유해(유골)와 유체
4. 신문, 뉴스를 취재한 필름·녹음테이프로서 문화체육관광부에 등록된 언론기관의 보도용품
5. 재외공관 등에서 외교통상부로 발송되는 자료
6. 기록문서와 서류
7. 외국에 주둔하는 국군으로부터 반환되는 공용품[군함·군용기(전세기를

포함한다)에 적재되어 우리나라에 도착된 경우에 한함]

② 제1항 각 호의 물품은 B/L(제70조제1항제7호의 경우에는 물품목록)만 제
시하면 물품보관장소에서 즉시 인도한다. 이때 B/L 원본을 확인하고 물품
인수에 관한 권한 있는 자의 신분을 확인하여 인수증을 제출받은 후 인계
해야 한다.

③ 제1항 각 호의 물품에 대한 검사는 무작위선별방식에 의하여 선별된 물품
만을 검사한다.

④ 제1항제3호의 유해(유골)와 유체의 인도 시에는 유족의 신분 등을 파악하
여 안보위해물품이 위장 반입되지 아니하도록 주의해야 한다.

여러분! 장례 목적이 아닌 유체인 경우 수입신고를 하여야 합니
다. 예를 들어 장례 목적이 아니라면 의료 연구 목적으로 유체를 수
입하는 경우를 생각할 수 있습니다. 이 경우 수입신고 대상입니다.

수출합니다. 관세율을 알고 싶어요?

관세법 제14조(과세물건) 수입물품에는 관세를 부과한다.

가끔, 아주 가끔 수출을 하고자 하는 신규업체 담당자분이 묻습니다. 물품을 수출하고자 하는데 관세율이 어떻게 되나요? 관세법 제14조(과세물건) 조항을 살펴봅시다. "수입물품에는 관세를 부과한다." 안경을 쓰고 다시 읽어봅시다. 어디에도 "수출물품에는 관세를 부과한다."라는 문구는 없습니다. 대한민국은 수출의 경우 관세를 부과하지 않습니다. 수출물품에 관세를 부과한다는 의미는 수출업자에게 부담이 되며 그 수출업자는 관세 부담분에 대하여 원가를 형성하여 수입자에게 가격을 제시하여야 합니다. 결국 수출물품 가격이 상승하여 수출 경쟁력에서 좋지 않습니다. 대한민국은 수출을 장려하기에 수출물품에는 관세를 부과하지 않습니다. 이제 세계로 눈을 돌려봅시다. 외국에서는 물품을 수출하는 경우 관세를 부과할까요? 네, 일부 국가에서는 물품을 수출하는 경우 관세를 부과합니다. 또한 일부 국가의 모든 수출물품이 관세 부과 대상이 아닐 수 있습니다. 그러한 일부 국가를 살펴보겠습니다. 대표적으로 중국입니다. 중국은 왜 수출물품에 관세를 부과할까요? 중국의 인구는 공식적으로 14억 명이 넘습니다. 중국 내에서 물품을 사용, 소비하여야 하는데 물품이 해외로 수출되면 중국 내에서 사용, 소비하는 물품이 부족합니다. 이러한 이유로 수출물품에 관세를 부과하는 것이 아닐까요? 수출을 억제하는 것입니다. 그리고 재정수입이 좋지 않은 국가에서 수출물품에 관세를 부과할 가능성이 있습니다. 재정수입 확보 목적입니다. 아르헨티나, 러시아 등의 국가입니다.

소개팅은 강남역에서

2001년에 개봉한 영화 〈진주만〉을 기억하십니까? 과거 강남역 근처에 '씨티극장'이라고 있었습니다. 이 씨티극장에서 〈진주만〉 영화를 관람하였습니다. 그 당시 영화 관람료가 잘 기억나지 않으나 영화 관람료는 타 영화 관람료보다 비싼 기억이 있습니다. 이 부분을 관세사가 직업인 저의 시각으로 바라보겠습니다.

관세사자격시험에 합격한 후 강남역 근처에서 소개팅을 하였습니다. 씨티극장에서 영화 〈진주만〉을 관람한 기억이 나서 관람료 부분에 대하여 소개팅 상대에게 물었습니다. 왜 〈진주만〉 영화 관람료는 타 영화 관람료보다 비쌀까요? 그분이 답변하기를 영화 상영 시간이 타 영화보다 길기에 영화 회전율이 낮아 관람료가 비싸다고 하였습니다. 네, 좋습니다. 타당한 이유입니다. 그러나 저는 관세사로서 이 부분에 접근했습니다. 커피숍에 있는 냅킨을 한 장 뽑아 설명을 시작하였습니다. 수입물품에 부과하는 관세는 종가세와 종량세로 구분되며 99.99%는 종가세이나 영화용 필름은 종량세가 적용됩니다. 다시 말해 영화용 필름은 필름 m당 일정 금액을 곱하여 관세액을 산정합니다. 즉 영화 〈진주만〉은 필름 길이가 타 영화보다 길기에 관세와 부가가치세를 더 많이 납부하고 수입이 되었을 겁니다. 물론 이 경우는 영화용 필름이 인천공항 등을 통한 수입물품 형태로 수입되었다고 가정한 것입니다. 그래서 수입함에 있어 원가가 비싸기에 영화 관람료가 비싼 이유라고 소개팅 상대에게 설명하였습니다. 소개팅 상대가 웃습니다. 그분과의 만남은 처음이자 마지막이었습니다. 우리 주변에는 이렇게 많은 관세 및 무역 관련 소재가 있습니다.

전셋집을 보러 갑니다

2010년 12월의 어느 추운 토요일 낮에 지인 결혼식이 있었습니다. 또한 그날 저녁에 전셋집을 위한 부동산 중개인과의 약속이 있었습니다. 결혼식장에 아내 그리고 그 당시 한 살배기 아들과 함께 갔습니다. 결혼식장을 가서 우연히 군대 선배를 만났습니다. 그 당시 군대 선배는 제대한 지 10년도 넘었지만 종종 만난 사이였습니다. 단결! 서로 반갑게 인사를 하고 잠시 대화를 가졌습니다. 선배는 한약재 수입업 그리고 유통업을 하고 있습니다. 문득 이런 생각이 들었습니다. 다음은 혼자만의 시나리오를 상상하며 펼친 내용입니다.

일반적으로 한약재는 관세율이 높은데 수입신고를 잘하고 있을까? 만약 선배가 한약재의 관세율이 높기 때문에 관세의 과세표준을 낮춰서 수입신고를 하고 있지는 않을까? 만약 관세의 과세표준을 낮춰서 수입신고를 할 경우 외국환은행을 통하여 송금할 때 낮춘 금액을 송금할까? 아니면 낮추기 전의 계약된 금액을 송금할까? 그래, 이 선배는 똑똑하기에 수입신고필증상의 금액으로 외국환은행을 통하여 송금할 거야. 그럼 계약된 금액과의 차액은 어떻게 해외로 보내고 있지? 혹시 해외 출장 시 휴대해서 돈을 가지고 나가나? 혼자만의 시나리오는 꼬리에 꼬리를 뭅니다. 이 시나리오 안에 관세법, 외국환거래법 등 관세 및 무역 관련 법령이 숨어 있습니다.

그 추운 날 전셋집을 얻어야 하는 상황 때문에 아내와 한 살배기 아들에게 미안했습니다. 전셋집이 이러한 상상의 시나리오까지 만들게 하네요. 선배가 혹시 위 시나리오처럼 수입신고를 제대로 하고 있지 않으면 국번 없이 125, 관세청 밀수신고 번호가 떠올랐습니다. 포상금으로 전셋집을…. 시나리오는 현실이 되지 않았습니다.

언뜻 생각나는 관세법 벌칙 조항입니다. 일부 발췌합니다.

관세법 제270조(관세포탈죄 등)

① 제241조제1항·제2항 또는 제244조제1항에 따른 수입신고를 한 자(제19
조제5항제1호다목에 따른 구매대행업자를 포함한다) 중 다음 각 호의 어
느 하나에 해당하는 자는 3년 이하의 징역 또는 포탈한 관세액의 5배와
물품원가 중 높은 금액 이하에 상당하는 벌금에 처한다. 이 경우 제1호의
물품원가는 전체 물품 중 포탈한 세액의 전체 세액에 대한 비율에 해당하
는 물품만의 원가로 한다.
1. 세액결정에 영향을 미치기 위하여 과세가격 또는 관세율 등을 거짓으
로 신고하거나 신고하지 아니하고 수입한 자(제19조제5항제1호다목에
따른 구매대행업자를 포함한다)

관세법 제270조의2(가격조작죄)

다음 각 호의 신청 또는 신고를 할 때 부당하게 재물이나 재산상 이득을 취득
하거나 제3자로 하여금 이를 취득하게 할 목적으로 물품의 가격을 조작하여
신청 또는 신고한 자는 2년 이하의 징역 또는 물품원가와 5천만 원 중 높은
금액 이하의 벌금에 처한다.
3. 제241조제1항·제2항에 따른 신고

디자이너와 관세가 무슨 관계가 있나요?

(실제지급금액+가산요소(운임 등)-공제요소) × 관세율 = 관세액

이 책은 실제 제가 주변에서 접한 혹은 발생한 관세&무역 이야기를 다루므로 관세사자격시험 수험서에서 다루는 어렵고 딱딱한 부분에 대해서는 설명하지 않겠습니다. 우리는 이미 이 공식을 보았습니다. 이 공식은 관세법상 과세가격 결정의 원칙 부분을 간단히 표현한 것입니다. 실무에서 과세가격에 포함되어야 할 가산요소를 누락한 사례를 이야기하겠습니다.

명품 브랜드 의류가 있습니다. 명품 브랜드여서 의류 가격이 비싸다고 일반적으로 생각합니다. 그 이유를 자세히 알아보니 의류의 디자인은 세계적인 디자이너가 디자인한 것이며 그 디자이너에게 지불한 대가가 어마어마합니다. 이 의류를 수입할 경우 디자인권에 대하여 지급되는 권리사용료는 가산요소입니다. 다시 말해 하나의 의류만을 생산하는 데 의류의 가격이 100만 원이고 디자인권이 300만 원일 때 이 300만 원을 과세가격에 포함하는 것입니다.

다른 사례입니다. 국내 백화점에서 자체 브랜드를 수입합니다. 해외 수출자와 국내 백화점 수입자 간의 계약서를 보니 해당 수입 물품을 수입한 후 처분하여 생긴 수익금액 중 판매자에게 일부 귀속되는 금액이 있다는 것을 확인하였습니다. 그러면 그 귀속되는 금액도 과세가격에 포함하는 것입니다. 실무적으로 잠정가격신고를 생각할 수 있습니다.

이렇게 과세가격을 결정하는 요소가 다양하고 복잡하기에 기업에서는 구매팀 뿐만 아니라 재경팀, 디자이너팀 등 관련 부서가 관세법 등의 이해가 필요하며 업무를 공유하여야 합니다. 과세가격 결정 시 가산요소가 누락되지 않도록 관리하여야 합니다. 그런데 불행하게도 한 부서의 담당자가 퇴사하면 제대로 인수인계가 되지 않는 경우가 종종 발생합니다.

관세법 제30조(과세가격 결정의 원칙)

① 수입물품의 과세가격은 우리나라에 수출하기 위하여 판매되는 물품에 대하여 구매자가 실제로 지급하였거나 지급하여야 할 가격에 다음 각 호의 금액을 더하여 조정한 거래가격으로 한다. 다만, 다음 각 호의 금액을 더할 때에는 객관적이고 수량화할 수 있는 자료에 근거하여야 하며, 이러한 자료가 없는 경우에는 이 조에 규정된 방법으로 과세가격을 결정하지 아니하고 제31조부터 제35조까지에 규정된 방법으로 과세가격을 결정한다.

1. 구매자가 부담하는 수수료와 중개료. 다만, 구매수수료는 제외한다.
2. 해당 수입물품과 동일체로 취급되는 용기의 비용과 해당 수입물품의 포장에 드는 노무비와 자재비로서 구매자가 부담하는 비용
3. 구매자가 해당 수입물품의 생산 및 수출거래를 위하여 대통령령으로 정하는 물품 및 용역을 무료 또는 인하된 가격으로 직접 또는 간접으로 공급한 경우에는 그 물품 및 용역의 가격 또는 인하차액을 해당 수입물품의 총생산량 등 대통령령으로 정하는 요소를 고려하여 적절히 배분한 금액
4. 특허권, 실용신안권, 디자인권, 상표권 및 이와 유사한 권리를 사용하는 대가로 지급하는 것으로서 대통령령으로 정하는 바에 따라 산출된 금액
5. 해당 수입물품을 수입한 후 전매·처분 또는 사용하여 생긴 수익금액 중 판매자에게 직접 또는 간접으로 귀속되는 금액
6. 수입항(輸入港)까지의 운임·보험료와 그 밖에 운송과 관련되는 비용으로서 대통령령으로 정하는 바에 따라 결정된 금액. 다만, 기획재정부령

으로 정하는 수입물품의 경우에는 이의 전부 또는 일부를 제외할 수 있다.

② 제1항 각 호 외의 부분 본문에서 "구매자가 실제로 지급하였거나 지급하여야 할 가격"이란 해당 수입물품의 대가로서 구매자가 지급하였거나 지급하여야 할 총금액을 말하며, 구매자가 해당 수입물품의 대가와 판매자의 채무를 상계(相計)하는 금액, 구매자가 판매자의 채무를 변제하는 금액, 그 밖의 간접적인 지급액을 포함한다. 다만, 구매자가 지급하였거나 지급하여야 할 총금액에서 다음 각 호의 어느 하나에 해당하는 금액을 명백히 구분할 수 있을 때에는 그 금액을 뺀 금액을 말한다.

1. 수입 후에 하는 해당 수입물품의 건설, 설치, 조립, 정비, 유지 또는 해당 수입물품에 관한 기술지원에 필요한 비용

2. 수입항에 도착한 후 해당 수입물품을 운송하는 데에 필요한 운임·보험료와 그 밖에 운송과 관련되는 비용

3. 우리나라에서 해당 수입물품에 부과된 관세 등의 세금과 그 밖의 공과금

4. 연불조건(延拂條件)의 수입인 경우에는 해당 수입물품에 대한 연불이자

③ 다음 각 호의 어느 하나에 해당하는 경우에는 제1항에 따른 거래가격을 해당 물품의 과세가격으로 하지 아니하고 제31조부터 제35조까지에 규정된 방법으로 과세가격을 결정한다. 이 경우 세관장은 다음 각 호의 어느 하나에 해당하는 것으로 판단하는 근거를 납세의무자에게 미리 서면으로 통보하여 의견을 제시할 기회를 주어야 한다.

1. 해당 물품의 처분 또는 사용에 제한이 있는 경우. 다만, 세관장이 제1항에 따른 거래가격에 실질적으로 영향을 미치지 아니한다고 인정하는 제한이 있는 경우 등 대통령령으로 정하는 경우는 제외한다.

2. 해당 물품에 대한 거래의 성립 또는 가격의 결정이 금액으로 계산할 수 없는 조건 또는 사정에 따라 영향을 받은 경우

3. 해당 물품을 수입한 후에 전매·처분 또는 사용하여 생긴 수익의 일부가 판매자에게 직접 또는 간접으로 귀속되는 경우. 다만, 제1항에 따라 적절히 조정할 수 있는 경우는 제외한다.

4. 구매자와 판매자 간에 대통령령으로 정하는 특수관계(이하 "특수관계"라 한다)가 있어 그 특수관계가 해당 물품의 가격에 영향을 미친 경우. 다만, 해당 산업부문의 정상적인 가격결정 관행에 부합하는 방법으로 결정된 경우 등 대통령령으로 정하는 경우는 제외한다.

④ 세관장은 납세의무자가 제1항에 따른 거래가격으로 가격신고를 한 경우 해당 신고가격이 동종·동질물품 또는 유사물품의 거래가격과 현저한 차이가 있는 등 이를 과세가격으로 인정하기 곤란한 경우로서 대통령령으로 정하는 경우에는 대통령령으로 정하는 바에 따라 납세의무자에게 신고가격이 사실과 같음을 증명할 수 있는 자료를 제출할 것을 요구할 수 있다.

⑤ 세관장은 납세의무자가 다음 각 호의 어느 하나에 해당하면 제1항과 제2항에 규정된 방법으로 과세가격을 결정하지 아니하고 제31조부터 제35조까지에 규정된 방법으로 과세가격을 결정한다. 이 경우 세관장은 빠른 시일 내에 과세가격 결정을 하기 위하여 납세의무자와 정보교환 등 적절한 협조가 이루어지도록 노력하여야 하고, 신고가격을 과세가격으로 인정하기 곤란한 사유와 과세가격 결정 내용을 해당 납세의무자에게 통보하여야 한다.

1. 제4항에 따라 요구받은 자료를 제출하지 아니한 경우

2. 제4항의 요구에 따라 제출한 자료가 일반적으로 인정된 회계원칙에 부합하지 아니하게 작성된 경우

3. 그 밖에 대통령령으로 정하는 사유에 해당하여 신고가격을 과세가격으로 인정하기 곤란한 경우

물품에도 주민등록번호가 있습니까?

대한민국 국민이라면 국민 개인마다 주민등록번호가 있습니다. 주민등록번호 앞의 6자리는 생년월일을 나타내며 그 다음 일곱 번째 숫자를 보면 남녀의 성별을 알 수 있습니다. 즉 주민등록번호를 보면 어느 정도 개인 정보를 알 수 있습니다.

물품에는 HS번호라는 것이 있습니다. 대한민국 HS번호는 10자리로 구성되어 있습니다. 앞의 2자리가 대분류로서 '류'라고 불립니다. 앞의 4자리가 '호'입니다. 앞의 6자리가 '소호'입니다. 예를 들어 앞의 2자리가 '22'이면 음료 또는 주류가 분류됩니다. 22류가

4자리의 '호'로 중분류되면 '2201' 물, '2202' 음료, '2203' 맥주, '2204' 포도주 등등…. 이렇게 분류됩니다. '2204' 포도주는 6단위인 '소호'와 10단위로 소분류됩니다. 즉 붉은 포도주냐? 흰 포도주냐? 몇 리터의 용기에 넣었냐? 등등 기준이 있으며 그에 따라 HS번호 10단위가 결정됩니다.

앞의 2자리가 '64'면 신발로 분류됩니다. 앞의 2자리가 '88'이면 '항공기'로 분류됩니다. 무역에서 HS번호는 언어입니다.

대한민국 HS번호의 체계

○○○○.○○-○○○○

이것은 전화기인가? 사진기인가?
컴퓨터인가? 오락기인가?

여러분 앞에 항상 휴대하고 다니는 물품이 있습니다. 핸드폰이라고 말하고 싶지만 누구에게는 하루 종일 전화 한번 오지 않습니다. 누구는 카메라 기능만 사용합니다. 초등학교 학생에게는 오락기의 기능만 사용할 수 있습니다. 누구에게는 유튜브만 시청하기에 인터넷 기능만 사용합니다. 이 물품은 무엇일까요? 전화기일까요? 사진기일까요? 오락기일까요? 컴퓨터일까요?

이러한 이유로 물품의 HS번호 분류는 쉽지 않습니다. 특히 국제무역에서는 국가마다 관습, 사상, 문화 및 법률 등이 상이하여 HS번호를 분류함에 있어 마찰이 발생하기도 합니다. 국제무역에서 HS번호를 분류함에 있어 이러한 마찰을 줄이고 통일성을 위하여 HS번호 분류는 원칙이 있습니다. 대표적으로 관세율표 해석에 관한 통칙이 있으며 HS분류 해설서, 부 규정, 주 규정 및 호의 용어 등을 잘 살펴보시기 바랍니다. 해당 물품의 주 기능, 주 용도, 원재료 구성 가격 비율 등을 고려하여 분류하여야 합니다.

일반적으로 핸드폰의 HS번호 앞 2자리는 '85'이며 사진기의 HS번호 앞 2자리는 '90'이며, 컴퓨터의 HS번호 앞 2자리는 '84'이며 그리고 게임기의 HS번호 앞 2자리는 '95'입니다. HS번호 분류에 따라 관세율, 세관장확인대상 등 요건이 정해지므로 HS번호의 분류는 아주 중요합니다.

코끼리가 레고 장난감이라고?

아들이 동물을 너무 좋아합니다. 지금도 좋아하지만 어렸을 때 동물을 더욱 좋아했습니다. 아내가 둘째를 임신하였을 때 아내에게 휴식 시간을 주기 위해서 매 주말마다 아들과 함께 서울동물원을 갔습니다. 아들이 동물을 좋아한 이유가 가장 컸으나 사실 동물원은 입장료도 저렴하고 한 바퀴 돌면 몇 시간이 후딱 지나갔습니다. 약 3달을 매주 방문하니 매점에서 일하시는 분이 저희를 인지하기 시작했고 저에게 무슨 슬픈 사연이 있는 듯 물어보시는 에피소드까지 생겼습니다.

동물원의 코끼리를 보면 저는 HS번호 분류가 생각납니다. 그 이야기를 시작합니다. 이 코끼리는 어디에서 왔을까? 코끼리가 아프리카 케냐에서 대한민국으로 이동하는 상상을 합니다. 수입신고를 위하여 HS번호를 분류하여야 합니다. '산 동물'의 HS번호 앞 2자리는 '01'입니다. 그런데 이 코끼리는 흥행장, 순회서커스를 위해 수입하는 것입니다. 이 경우 코끼리의 HS번호 분류는 HS번호 앞 2자리가 '01'이 아닌 완구·운동용구가 분류되는 '95'에 분류됩니다. HS번호를 분류함에 있어 다름의 경우가 적지 않습니다. HS분류 해설서, 부 규정, 주 규정 및 호의 용어 등을 잘 살펴보시기 바랍니다.

이제 가족과 함께 또는 친구와 함께 동물원을 방문하면 위의 HS번호 분류 이야기를 해보시죠? 생활 속 관세 및 무역 이야기입니다.

0106 그 밖의 살아 있는 동물

[호해설]

이 호에는 특히 다음의 살아있는 가축이나 야생의 동물을 분류한다.

(A) 포유동물:

  (1) 영장류

  (2) 고래·돌고래류(고래목의 포유동물); 매너티(manatees)와 듀공(dugongs) (바다소목의 포유동물); 물개·바다사자와 바다코끼리(walruses)[기각(鰭脚: Pinnipedia)아목(亞目)의 포유동물]

  (3) 그 밖의 포유동물[예: 순록·고양이·개·사자·호랑이·곰·코끼리·낙타(단

봉낙타를 포함한다)·얼룩말·토끼·산토끼·사슴·영양(보비내아(Bovinae)
과의 것들을 제외한다)·서남아시아산의 영양·여우·밍크·모피목장용
동물]

(B) 파충류(뱀과 거북을 포함한다).

(C) 조류

　(1) 맹금류

　(2) 앵무류[패럿류(parrots)·패러키트류(parakeets)·금강앵무류·유황앵무
　　류를 포함한다]

　(3) 그 밖의 조류[예: 자고새·꿩·메추리·누른도요·도요·비둘기·뇌조·멥
　　새·들오리·들거위·티티조·검은새·종달새·휜치·깨새(tits)·벌새·공작
　　고니·제0105호에 열거하지 않은 그 밖의 조류]

(D) 곤충류[예: 벌(여행용 상자나 우리나 벌집에 든 것인지에 상관없다)]

(E) 그 밖의 동물(예: 개구리)

　이 호에는 서커스·관람용 동물원이나 그 밖의 유사한 순회 동물쇼 용의
　부분을 형성하고 있는 동물은 제외한다(제9508호).

HS번호 분류는 수입의 경우 더 중요하다고?

이미 살펴본 바와 같이 관세법 제14조(과세물건)에 의거하여 수입물품에는 관세를 부과하고 수출물품에는 관세를 부과하지 않습니다. 그렇기에 수입업자는 HS번호 분류에 따른 관세 및 부가가치세 등을 납부합니다. 관세사무소에서 진행하는 수출입신고 통관 실무에서도 수출보다는 수입이 세금 문제가 있기 때문에 복잡하고 시간이 많이 소요되는 것이 사실입니다. 그렇다면 HS번호 분류는 세금과 관계가 있기에 수입의 경우 중요하고 수출의 경우 중요하지 않다고 생각하시나요?

수출의 경우도 HS번호 분류가 중요한 이유는 많습니다. 그 대표적인 경우가 간이정액환급과 전략물자판정 때문입니다. 간이정액환급 관련하여 실무에서는 FOB 10,000원당 환급금액이 존재하느냐를 습관적으로 먼저 확인합니다. 하지만 중요한 것은 중소기업이 직접 생산하여 수출한 것을 확인하여야 합니다. 전략물자 관련하여 소기업에서는 그 인지 및 이해가 많이 부족합니다. 저의 첫 번째 저서인 『관세사무소에서 희망을 찾다』에서 밝혔듯이 판정 매뉴얼을 구비하여 기업에게 안내하고 있습니다. 어렵지 않게 판정이 이루어집니다.

간이정액환급제도
중소기업의 수출 지원 및 환급절차 간소화를 위해 간이정액환급 대상 중소기업이 생산하여 수출한 물품에 대하여는 수출물품 생산에 소요된 원재료의 납부세액 확인을 생략하고 수출사실만을 확인하여 간단하게 환급하는 제도

전략물자
일상생활이나 산업현장에서 흔히 사용되나, 미사일이나 핵·생화학 무기에 사용될 수 있어 관리가 필요한 물품

식품의 경우 품목분류사전심사를 많이 이용합니다

식품의 HS번호는 성분 함유량, 가공 정도 및 방법 등으로 인하여 HS번호 분류의 난해함이 있습니다. HS번호에 따라 관세율의 차이도 공산품보다 상대적으로 큽니다. 이러한 이유로 식품 수입 업체는 경영의 안정성을 위하여 품목분류사전심사를 많이 이용하고 있습니다.

① 물품을 수출입하려는 자, 수출할 물품의 제조자 및 「관세사법」에 따른 관세사·관세법인 또는 통관취급법인(이하 "관세사 등"이라 한다)은 제241조 제1항에 따른 수출입신고를 하기 전에 대통령령으로 정하는 서류를 갖추어 관세청장에게 해당 물품에 적용될 별표 관세율표상의 품목분류를 미리 심사하여 줄 것을 신청할 수 있다.

HS ───

HS번호의 생활화

　오래전 이야기지만 관세사자격시험을 준비하며 HS번호 공부를
위하여 HS번호의 생활화를 실현한 적이 있습니다. HS번호와 친
해지기 위해서 앞으로의 대화는 HS번호로 하는 것은 어떠신지요?
몇 년 전 대학교 강의 때 사용한 예시입니다.

　저는 ○○ 대학교에 올 때 집에서 서울 고속터미널까지는 86류
(지하철)를 이용하였고, 서울 고속터미널에서 ○○대학교까지는
87류(버스)를 이용하였습니다. 87류(버스) 탑승 전 간단히 04류
(우유)와 19류(빵)를 먹었습니다. 물류무역학과 여러분에게 잘 보

이기 위해서 어제 64류(구두)를 광나게 손질하였고 62류(와이셔츠)도 85류(다리미)를 가지고 정리하였습니다. 강의 전 캠퍼스를 둘러보니 06류(꽃)가 너무 아름다워 90류(카메라)로 몇 장 찍어 간직합니다. 오늘 너무 기분이 좋습니다. 강의가 끝나면 기념으로 ○○대학교 로고가 있는 48류(노트)를 하나 구입하겠습니다. 서울에 도착하면 친구와 함께 시원한 22류(맥주)와 20류(안주)를 할 예정입니다. 여러분은 대한민국의 71류(보석)입니다. 92류(꽹과리)를 가지고 응원합니다.

리얼돌 혹은 성인돌 수입, 가능합니까?

몇 년 전 홈쇼핑 업체로부터 교육 요청을 받은 적이 있습니다. 그리고 그 교육 과정 중에 리얼돌 혹은 성인돌의 통관 이슈에 대해서 언급을 해달라고 요청받았습니다. 약 2년 전의 교육 때도 이슈가 되었는데 시간이 흘러 현재도 여전히 이슈가 되고 있습니다. 관세청 입장은 리얼돌이 풍속을 해치는 물품이라고 판단하고 법원 입장은 사생활의 영역이기에 수입 전면 금지는 어렵다는 입장입니다. 일부 법령 개정도 이루어지고 있습니다.

이와 같이 리얼돌 혹은 성인돌은 수입허용의 이슈부터 HS번호를 분류함에 있어 주의가 필요합니다. 단순한 마네킹의 리얼돌부터 특정 기능이 내재된 리얼돌까지 HS번호를 분류함에 있어 주의가 필요합니다. HS번호 분류에 따라 요건이 있습니다.

관세법 제234조(수출입의 금지)

다음 각 호의 어느 하나에 해당하는 물품은 수출하거나 수입할 수 없다.
  1. 헌법질서를 문란하게 하거나 공공의 안녕질서 또는 풍속을 해치는 서적·간행물·도화, 영화·음반·비디오물·조각물 또는 그 밖에 이에 준하는 물품
  2. 정부의 기밀을 누설하거나 첩보활동에 사용되는 물품
  3. 화폐·채권이나 그 밖의 유가증권의 위조품·변조품 또는 모조품

된장, 고추장을 수출할 경우
외국의 HS번호는 어떻게 될까?

된장과 고추장은 한국의 전통 발효 식품입니다. 외국에서는 된 장과 고추장의 개념이 우리나라에 비해 상대적으로 약할 것입니 다. 된장의 대한민국 HS번호는 2103.90-1010입니다. 미국에서의 HS번호는 무엇일까요? 고추장의 대한민국 HS번호는 '2103.90-1030' 입니다. 독일의 HS번호는 무엇일까요? HS번호는 6단위까지 세계 공통입니다. 대한민국은 10단위를 사용합니다. 베트남은 8단위를 사용합니다. 6단위까지는 세계 공통이고 7단위부터는 각 국가에 서 수출입무역통계 목적 등으로 세분류를 하는 것이지요···. '2103'

은 소스와 소스용 조제품, 혼합조미료, 겨자의 고운 가루·거친 가루와 조제한 겨자가 분류됩니다.

위와 같은 이유로 수출입업체에서 관세사로 HS번호를 알려주어도 조회가 되지 않는 경우가 있습니다. 해외 국가의 HS번호를 불러주기 때문입니다. HS번호 6단위까지는 세계 공통이므로 6단위를 기준으로 그 아래의 HS번호는 물품 정보 등을 파악해서 맞추어야 합니다.

참고로 (세계)관세율 조회 방법 관련 정리는 2장. 관세사가 실제 쓴 의견서 2번을 참고하시기 바랍니다.

언젠가 네팔 히말라야 트레킹을
가고 싶습니다

등산을 좋아합니다. 최근에는 코로나19의 영향으로 등산을 가지 않지만 중학교 시절부터 친구들과 등산을 다녔습니다. 중학교, 고등학교 시절에는 관악산을 많이 다녔고 그 이후에는 청계산을 많이 다닙니다. 직장 생활을 할 때 팀원들과 야간 산행을 다니곤 했습니다. 언젠가 네팔 히말라야 트레킹을 가고 싶습니다.

오래전 잠실에 위치한 롯데마트 앞을 걷고 있는데 현수막에 '개성공단 우수기업 제품'이라는 문구를 보고 구경을 하였습니다. 판매되는 물품 중에 등산화가 있었습니다. 바로 그 등산화를 구매하였습니다. 개성공단에서 생산한 등산화를 들고 구석구석 살펴보았습니다. 원산지 표시를 찾았습니다. 표기된 원산지는 Made in Korea 일까요? Made in North Korea 일까요? 개성공단에서 생산한 등산화를 대한민국으로 가져오기 위해서 도라산 세관에 신고하였을 경우 관세를 납부하였을까요? 남북교류협력에 관한 법률에 의거하여 관세가 부과되지 않습니다.

남북교류협력에 관한 법률 제26조(다른 법률의 준용)

① 교역에 관하여 이 법에 특별히 규정되지 아니한 사항에 대하여는 대통령령으로 정하는 바에 따라 「대외무역법」 등 무역에 관한 법률을 준용한다.

② 물품 등의 반출이나 반입과 관련된 조세에 대하여는 대통령령으로 정하는 바에 따라 조세의 부과·징수·감면 및 환급 등에 관한 법률을 준용한다. 다만, 원산지가 북한인 물품 등을 반입할 때에는 「관세법」에 따른 과세 규정과 다른 법률에 따른 수입부과금(輸入賦課金)에 관한 규정은 준용하지 아니한다.

참고로 개성공단에서 생산한 등산화를 FTA 체결국으로 수출하는 경우 대한민국 원산지로 인정하는 FTA도 있고 인정하지 않는 FTA도 있습니다. FTA 협상에 따른 결과입니다.

영화의 원산지는 어디일까?

1999년 영화인 〈용가리〉를 아시는지요? 심형래 감독이 메가폰을 잡았고 미국 배우인 '해리슨 영'이 출연하였습니다. 2012년 영화인 〈베를린〉의 경우 해외에서 촬영을 하였습니다. 영화의 원산지는 어디일까요? 주연 배우의 국적이 원산지가 될까요? 주로 촬영된 장소의 국가가 원산지가 될까요? 아니면 이건 어떻습니까? 주요 투자처 소재의 국가가 원산지가 될까요? 아니면 감독의 국적이 원산지가 될까요? 흥미롭습니다. 영화의 원산지는 영화제작자가 속하는 나라를 원산지로 합니다. 한국직업사전에 의하면 영화제작자란 영화 제작을 위해 시나리오, 영화감독 등을 선정하고, 제작비 투자 및 사용, 상영극장 섭외 등 제작 및 영화 상영에 관한 업무 전반을 총괄합니다.

대외무역관리규정 제87조(원산지 판정 기준의 특례)(일부 발췌)

③ 촬영된 영화용 필름은 그 영화제작자가 속하는 나라를 원산지로 한다.

마트에 가면 물품을 들었다 놨다

생필품을 구입하러 아이들과 함께 마트를 갑니다. 저는 언제부터인가 마트에 가면 물품들의 원산지 표시를 확인합니다. 물품을 들었다 놨다 하며 시간을 보냅니다. 물품들의 원산지를 확인하는 목적이 아니고 어느 위치에 적절히 원산지가 표시되어 있는지 확인하는 것입니다. 직업병입니다. 그런데 어느 순간 아이들이 저를 위하여 원산지 표시 위치를 확인하여 보여줍니다. 아이들은 부모의 행동에서 많은 것을 배운다는 교훈이 생각납니다.

> 관세법, 대외무역법, 대외무역관리규정, 원산지표시제도 운영에 관한 고시 등

야구장에서 홈런볼을 잡다

몇 년 전 동행 관세사무소의 최기석 수석 컨설턴트, 김성태 책임 컨설턴트와 함께 잠실 야구장에 갔습니다. KT 위즈와 두산 베어스와의 경기였습니다. 외야 관람석에 앉아 경기를 관람하였습니다. KT위즈의 선수가 큰 타구를 날렸습니다. 그 순간 홈런볼이 제 앞에 바로 떨어졌습니다. 제자리에서 일어나 바로 앞에 떨어진 야구공을 들었습니다. 홈런볼을 잡은 기쁨보다 우리는 공을 들고 원산지가 표시되어 있는지 확인하였습니다. 'MADE IN SRI LANKA'라고 분명히 표시되어 있습니다. 기분이 좋았습니다. 직업병입니다.

① 수입물품의 원산지표시는 판독이 용이한 크기의 활자체로 표시하여야 한다. 다만, 농수산물 및 그 가공품(관세·통계통합품목분류표상 제1류부터 제24류 및 제25류의 식용소금으로 분류되는 물품)은 포장 또는 원산지가 표시된 표시면의 크기에 따라 다음 각 호를 기준으로 원산지를 표시하여야 한다.

1. 50㎠ 미만: 8포인트 이상

2. 50㎠ 이상 3,000㎠ 미만: 12포인트 이상

3. 3,000㎠ 이상: 20포인트 이상

② 「대외무역관리규정」 제76조제3항에 따라 원산지표시의 위치는 다음 각 호의 기준에 따라 식별하기 용이한 곳에 표시하여야 한다.

1. 해당 물품의 원산지표시 위치를 특별히 지정하지 않은 경우에는 소비자가 쉽게 알아볼 수 있는 곳에 표시

2. 주문자상표부착생산(이하 "OEM"이라 한다) 방식으로 수입되는 물품으로서 최종구매자가 원산지를 오인할 우려가 있는 물품은 원산지표시를 해당 물품 또는 포장·용기의 전면에 표시

③ OEM 수입물품중 식품류는 다음과 같이 원산지표시를 하여야 한다.

1. 해당 물품 또는 포장·용기의 전면에 원산지 표시

2. 원산지표시는 한글로만 표시

3. 원산지표시 크기는 상표명 크기의 1/2 이상 또는 포장면적(표시면)별 글자크기를 다음 각 목의 기준을 적용하여 표시

   가. 포장면적 36㎠ 이하: 12 포인트 이상

   나. 포장면적 36㎠ 초과 100㎠ 이하: 16포인트 이상

   다. 포장면적 100㎠ 초과 200㎠ 이하: 24포인트 이상

   라. 포장면적 200㎠ 초과 450㎠ 이하: 30포인트 이상

   마. 포장면적 450㎠ 초과: 36포인트 이상

텔레비전 광고를 보다가 깜짝 놀라다

오래전 가족과 함께 텔레비전을 보며 저녁식사를 하고 있을 때입니다. 텔레비전 광고에서 어느 업체가 'Designed by……' 라고 표기하며 광고를 한 적이 있습니다. 그 순간 어디서 많이 본 문구인데 어디서 보았지? 생각을 했습니다. 대외무역관리규정에서 원산지표시를 할 때 오인표시의 우려가 없을 때 사용하라는 문구였습니다. 사실 관세사인 저의 시각에서는 그 텔레비전 광고만 보면 원산지 오인의 우려가 보였습니다. 식사를 하면서 깜짝 놀란 순간입니다. 와이프가 말합니다. 제발 그냥 밥 좀 먹자고….

대외무역관리규정 제76조의2(수입 물품 원산지 표시의 예외 등)(일부 발췌)

② 최종구매자가 수입물품의 원산지를 오인할 우려가 없도록 표시하는 전제
   하에 제76조 제1항 제1호부터 제4호까지의 원산지표시와 병기하여 물품
   별 제조공정상의 다양한 특성을 반영할 수 있도록 다음 각 호의 예시에
   따라 보조표시를 할 수 있다.

1. "Designed in 국명", "Fashioned in 국명", "Moded in 국명", "stlyed
   in 국명", "Licensed by 국명", "Finished in 국명"…

2. 기타 관세청장이 제1호에 준하여 타당하다고 인정한 보조표시 방식

거실에 달팽이가 나타나다

2003년 첫 직장 생활을 시작하고 2004년 부모님에게 그동안 잘 키워주셔서 고맙다는 의사 표시로 중국 하이난으로 여행을 보내 드렸습니다. 뿌듯했습니다. 아버지가 중국 하이난에서 입국하신 후 전화를 하셨습니다. 상균아! 퇴근하고 집에 오는 길에 화분을 하나 사오거라, 라고 말씀하셨습니다. 퇴근하는 길에 화분을 하나 사서 집으로 갔습니다. 집에 도착하니 아버지가 '식물'을 하나 주 시며 심으라고 하십니다. 아버지가 중국 하이난으로부터 가져온 '식물'이었습니다. 그 이후 저희 집에 무슨 일이 발생하였을까요? 거실에 작은 달팽이가 한 마리, 두 마리 나타나기 시작했습니다.

제가 달팽이를 아파트 화단으로 옮겨도 집 거실에는 계속해서 달팽이가 나타났습니다. 추측을 해보았습니다. 도대체 이 달팽이는 어디서 나타난 것일까? 첫 번째 예상은 아버지가 가져온 '식물'에 달팽이 알들이 붙어 있다는 것입니다. 두 번째 예상은 '식물'을 심을 때 함께 사용한 흙 안에 달팽이 알들이 있었을 것이라는 추측입니다. 물론 답은 모릅니다. 하지만 만약 아버지가 '식물'을 가져올 때 흙이 묻어 있었다면 식물방역법 위반을 한 것입니다. 또한 식물은 여행자 및 승무원 휴대품 통관에 관한 고시에 의거하여 신고대상 물품입니다.

식물방역법 제10조(수입 금지 등)(일부 발췌)

① 다음 각 호의 어느 하나에 해당하는 물품 등(이하 "금지품"이라 한다)은 수입하지 못한다.

3. 흙 또는 흙이 붙어있는 식물

여행자 및 승무원 휴대품 통관에 관한 고시 제6조(신고대상물품)

(일부 발췌)

① 다음 각 호의 어느 하나에 해당하는 물품을 소지한 여행자[「COB화물통관 사무처리에 관한 고시」에 따른 쿠리어(이하"쿠리어"라 한다)를 포함한다)] 와 승무원은 세관에 자진 신고하여야 한다.

9. 동물(고기·가죽·털을 포함한다), 식물, 과일, 채소류, 살아있는 수산생 물, 농림축수산물(가공품을 포함한다), 그 밖의 식품류

10. 「멸종위기에 처한 야생동·식물종의 국제거래에 관한 협약(CITES)」에서 보호하는 살아있는 야생 동·식물 및 이들을 사용하여 만든 제품·가공 품(호랑이·표범·코끼리·타조·매·올빼미·코브라·거북·악어·철갑상어· 산호·난·선인장·알로에 등과 이들의 박제·모피·상아·핸드백·지갑·악 세사리 등, 웅담·사향 등의 동물한약 등, 목향·구척·천마 등과 이들을 사용하여 제조한 식물한약 또는 의약품 등을 말한다)

해외 유명 소매점이 한국에 진출하다

　다양한 물품을 판매하는 해외 유명 소매점이 대한민국에 많이 진출하였습니다. 본 해외 유명 소매점들이 대한민국에 진출할 때 초기 상품으로 1,000 종류의 물품을 수입 및 판매하겠다고 계획을 설정합니다. 1,000 종류의 물품 중에는 어린이제품안전특별법, 수입식품안전관리특별법, 약사법, 사료관리법, 전파법, 전기용품 및 생활용품 안전관리법 등 수입 통관시 세관장확인대상 등 요건 대상인 물품들이 섞여 있습니다. 이러한 물품들은 개별법에서 규정한 기준에 적합하여야 합니다. 다시 말해 테스트를 진행하고 인증을 받아야 수입할 수 있습니다. 대표적인 예가 'KC' 인증이라고 보면 됩니다. 'KC' 인증을 받기 위해서는 시간과 비용이 소요됩니다. 식품의 경우 검역을 진행하여 합격하여야 합니다. 그럼 해외 유명 소매점이 정한 개업 일자에 맞추어 본 인증 및 검역 등을 다 받을 수 없다는 것을 인지합니다. 1,000 종류의 물품 중 200개가 제외됩니다. 이러한 식으로 수입되는 물품의 시기가 조정될 수 있습니다. 무역을 처음으로 하시는 분은 이러한 인증 개념이 부족하기에 무작정 부산항에 입항시키고 통관을 진행하려고 합니다. 통관이 되지 않습니다. 도착한 물품 중 일부 샘플을 빼서 그제야 인증 테스트를 진행합니다. 인증 테스트에 통과될지 장담할 수 없습니다. 불합격의 경우 반송 또는 폐기 처리하여야 합니다. 대한민국까지의 물류비용이 허무하게 낭비될 수 있습니다. 그리고 인증 테스트를 받는 동안 창고 비용은 올라갑니다. 미리 전문가와 상의하세요.

어린이제품안전특별법
전기용품 및 생활용품 안전관리법
전파법
수입식품안전관리특별법
식물방역법
화장품법
약사법
의료기기법

사료관리법
자원의 절약과 재활용 촉진에 관한 법률
화학물질관리법
화학물질의 등록 및 평가에 관한 법률
......

장난감 '건담'이 어린이 제품이 아니라고?

수입물품이 어린이 제품일 경우 세관장확인대상 등에서 어린이 제품안전특별법의 KC 인증을 받았는지 확인하여야 합니다. 그런데 실제 장난감 매장에 가서 장난감 박스를 보면 어느 것은 어린이 제품이어서 KC 인증 마크가 있으며, 어느 것은 어린이 제품이 아닌지 KC 인증 마크가 없습니다. 그 기준은 무엇이고 그 근거는 무엇일까요? 어린이 제품 가이드라인을 참고하시기 바랍니다.

어린이제품 가이드라인

제2조(어린이제품의 정의 및 범위)

① 어린이제품이란 만 13세 이하 어린이를 주 대상으로 설계되어 만 13세 이하 어린이가 사용하기 위한 제품을 말한다. 여기서 "사용하기 위한"이란 정상사용 및 합리적으로 예측 가능한 사용을 통해 어린이가 물리적으로 해당 제품과 상호접촉하는 것을 뜻한다. 만 13세 이하의 어린이를 주 대상으로 설계되지 않은 일반용도의 제품*은 어린이제품이 아닌 것으로 보며, 전문가용 또는 특수목적용은 이 법의 적용 대상이 아닌 것으로 본다.

   * 어린이제품으로 고려될 수 있는 제품의 최소 사용연령이 만 13세 이하의 제품(예: 8세 이상~성인 등)은 일반용도 제품으로 간주하지 않으며 최소 사용연령 기준에 맞도록 제품을 설계하여야 한다.

② 「어린이제품안전특별법」에서의 어린이제품의 범위는 만 13세 이하의 어린이가 사용하거나 만 13세 이하의 어린이를 위하여 사용되는 물품 또는 그 부분품이나 부속품을 말한다. 여기서 만 13세 이하의 어린이가 사용하거나 만 13세 이하의 어린이를 위하여 사용되는 물품 또는 그 부분품이나 부속품이란, 일반적으로 어린이를 주 대상으로 설계된 제품이면서 어린이와 상호접촉이 있는 경우로, 최소 판매단위에 대해 적용한다.

제3조(어린이제품의 결정요소)

① "어린이제품" 여부를 결정할 때 고려하여야 할 요소는 제품의 기능 및 특성, 제품의 사용연령, 제품광고 및 포장, 소비자의 일반적인 인식, 제조업체의 설명, 기타 요소이다.

② 어린이제품으로 오용할 가능성(동일한 제품군에 성인제품과 어린이제품이

제3조(어린이제품의 결정요소)

혼재)이 있는 제품으로서 어린이제품이 아닌 경우에는 어린이제품이 아님을 명확히 표시("성인을 위한 것", "어린이용이 아님", "14세 이상 사용가능" 등)하는 것을 원칙으로 하며, 표시가 없는 경우는 원칙적으로 어린이제품으로 간주한다. 이 때 어린이제품을 주로 판매하는 장소(예, 완구 상점, 대형 쇼핑센터의 어린이제품 판매 구역 등)와 구분해서 유통해야 한다.

미국 쿠키를 주문합니다

해외 직구의 시대입니다. 반대의 역직구도 마찬가지입니다. 많은 분들이 직구를 합니다. 직구 및 역직구가 증가함에 따라 세관 행정도 거기에 맞추어 변하고 지원하고 있습니다. 소비자의 소비 패턴이 급속도로 변했고 변하고 있습니다. 미국 브랜드의 식품이 대한민국에 정식 수입되지 않아도 직구를 통하여 개인 소비자는 구입할 수 있습니다. 구매 선택의 폭을 넓힐 수 있습니다. 하지만 직구의 경우 통관 시 개인 소비 목적으로 사용될 것을 전제로 개별법에서 정한 요건이 면제되는 경우가 많습니다. 하지만 현실에서 직구를 하는 활동 주체가 개인 소비 목적으로 구매하지 아니하고 영업의 목적으로 구매하는 경우가 있습니다. 이 경우 개별법 대상이 됨에도 불구하고 많은 분들이 이 부분을 놓치는 경우가 많습니다. 위법입니다. 주의가 필요한 부분입니다. 추가로 실무에서 요건 면제와 비대상을 혼돈하지 마시기 바랍니다.

수입식품안전관리특별법 시행규칙(별표 9)(일부 발췌)

수입식품 등의 검사방법
  1. 신고가 필요하지 않은 수입식품 등
    나. 여행자가 휴대한 것 또는 국제우편물·국제특송화물(수입식품 등 인터넷 구매 대행업의 영업등록을 한 자에게 요청하여 수입하는 경우는 제외한다) 등으로서 자가소비용으로 인정할 수 있는 수입식품 등

인천공항 근처에서 드론 비행은 금지입니다

최근 인천공항 근처에서 드론 및 연(kite)을 띄워서 문제가 되었다는 기사를 접할 수 있습니다. 관련 현행법상 공항 반경 9km 이내에서 드론 등 비행물을 날리는 것은 금지입니다. 외국 인터넷 사이트를 통하여 저렴하게 드론을 구입합니다. 드론은 HS번호 분류에 따라 세관장확인대상 등 요건이 다소 상이합니다. 여기서는 전파법 대상의 드론을 이야기하겠습니다. 이 경우 드론을 정식 수입할 경우 전파법 KC 인증을 득해야 수입이 가능합니다. 하지만 외국 인터넷 사이트를 통하여 드론을 구매할 경우 개인 소비 목적일 경우 1대까지는 전파법 면제로 수입할 수 있습니다. 근데 위

규정을 인지하지 못하여 3대를 구입하여 통관을 할 경우 1대만 전파법 면제를 받을 수 있기에 2대는 바로 통관을 할 수 없습니다. 2대는 현실적으로 반송 또는 폐기를 하여야 합니다. 이유는 2대를 KC 인증받기 위해서는 비용이 소요되고 샘플이 필요하기에 현실적으로 KC 인증을 받는 것은 불가능합니다.

전파법 시행령(별표 6의2)(일부 발췌)

적합성평가 면제대상 기자재
판매를 목적으로 하지 않고 개인이 사용하기 위해 반입하는 기자재: 1대

이화여대 앞으로 보세 옷 사러 갈까?

　결혼하기 전 현재의 와이프인 그 당시 여자 친구와 이대 앞으로 옷을 사러 간 적이 있습니다. 보세 옷 가게입니다. 관세사가 직업인 저는 사실 보세 옷 가게라는 뜻이 이해가 되지 않았습니다. 여자 친구에게 보세라는 의미를 설명하고 싶었으나 화를 낼 수 있기에 설명하지 않았습니다. 제가 이해하는 보세 옷 가게의 보세는 브랜드가 없는 옷으로 생각하고 있습니다. 관세법에서의 보세라는 의미는 세금을 유보하는 것입니다. 다시 말해 세금을 내지 않은 상태를 말하는 것입니다.

　잠실에 가면 'L' 면세점이 있습니다. 관세, 부가가치세 등을 부과하지 않고 물품을 판매하는 것입니다. 'L' 면세점에서 물품을 구매하면 바로 물품을 건네받지 않고 해외로 출국할 때 물품을 받습니다. 관세법상 면세점은 보세판매장이라고 합니다. 이제 면세점에 갈 때 보세판매장에 가자고 말하십시오.

서울 모터쇼가 열립니다. 미래의 자동차를 볼 수 있습니다. 그곳에 전시되어 있는 자동차의 일부는 관세 등 세금을 납부하지 않고 전시 목적으로 대한민국에 일시 들어온 상태입니다. 세금이 보류된 것이지요. 전시가 끝나면 다시 해외로 나갈 예정입니다. 이러한 곳은 관세법상 보세전시장이라고 합니다. 이제 친구에게 말하십시오. 우리 자동차 구경하러 보세전시장에 가볼까?

가끔 고속도로를 달리다 보면 보세운송이라는 문구가 기입된 트럭을 봅니다. 반갑습니다. 그 트럭 안에는 관세 등 세금을 납부하지 않은 상태의 물품이 운반되고 있다고 추측할 수 있습니다. 대한민국의 혈관이 움직입니다.

해외에서 인천공항 도착 시 아무런
이유 없이 긴장?

현재는 코로나19 대유행으로 해외여행을 자유롭게 할 수 없습니다. 아마도 코로나19가 종식되면 엄청난 인파가 해외여행을 갈 것으로 예상합니다. 그날이 빨리 오면 좋겠습니다.

해외여행을 갑니다. 해외출장을 갑니다. 많은 분들이 해외에서 좋은 추억을 만들고 인천공항을 통해 입국합니다. 많은 분들이 입국할 때 긴장을 합니다. 아닌가요? 아무런 이유 없이 긴장이 되시는지요? 아마도 입국할 때 해외에서 구매한 물품 또는 출국 시 면세점에서 구매한 물품이 그 이유일 것입니다. 여행자 및 승무원 휴대품 통관에 관한 고시 제2조 정의에 의거하여 '여행자'란 우리나라와 외국 간을 왕래하는 여객기 또는 여객선을 이용하여 우리나라에 일시적으로 출입국하는 자를 말합니다. 동 고시 제6조(신고대상물품) 제1항 제1호에 의거하여 해외에서 취득한 물품으로서 전체 취득가격 합계액이 미화 600달러를 초과하는 물품의 경우 세관에 자진 신고를 하여야 합니다. 많은 분들이 질문을 합니다. 서울에 위치한 면세점 혹은 인천공항 면세점에서 구입한 물품도 이 미화 600달러에 포함이 되는지? 네, 맞습니다. 포함됩니다.

여행자 및 승무원 휴대품 통관에 관한 고시 제6조(신고대상물품)(일부 발췌)

① 다음 각 호의 어느 하나에 해당하는 물품을 소지한 여행자[「COB화물통관 사무처리에 관한 고시」에 따른 쿠리어(이하"쿠리어"라 한다)를 포함한다)] 와 승무원은 세관에 자진 신고하여야 한다.

1. 해외에서 취득한 물품으로서 전체 취득가격 합계액이 미화 600달러를 초과하는 물품(다만, 쿠리어 및 승무원이 해외에서 취득한 물품의 경우에는 제18조제4항, 제42조 및 제43조에 따라 관세를 면제받을 수 있는 수량과 금액 한도를 초과하는 물품을 말한다)

출국할 때 수출신고필증 선적처리 꼭 하세요

해외 출장 시 수출물품을 직접 휴대하여 비행기에 오르는 경우가 있습니다. 관세사를 통하여 수출신고를 진행하고 수출신고필증까지 휴대합니다. 공항에서 본 수출신고필증을 보여주고 선적처리를 하여야 합니다. 많은 분들이 이 부분을 놓칩니다. 선적처리가 안 되어 나중에 곤란한 상황을 겪는 경우가 많습니다. 특히 외국인이 직접 휴대하여 공항을 통해 나가는 경우 이 부분을 놓칩니다. 주의가 필요합니다.

여행자 및 승무원 휴대품 통관에 관한 고시

제56조(수출신고수리물품의 반출신고)

제53조제3호의 수출신고수리물품을 휴대하여 반출하려는 자는 세관장에게 수출신고필증 사본을 제출하고 선(기)적 확인을 받아야 한다.

수출 정정할 때 왜 이렇게 까다롭게 하나요?

관세사 업무를 진행하면서 이미 수출입신고가 이루어진 후 고객이 수출입신고필증의 정정을 요청하는 경우가 있습니다. 예를 들어 수출신고필증을 정정하기 위해서는 세관에서 정정의 근거 서류 등을 요구합니다. 그러면 일부 업체에서 말씀하시길 다른 관세사무소에서는 그런 서류를 요구하지 않는데 왜 그 서류를 요구하는지 살짝 불만을 표현하는 경우도 있습니다. 그 마음 충분히 이해합니다. 수출 정정의 경우 수출통관사무처리에 관한 고시 별표 8 (수출신고정정시 표준 증빙 서류)에 의거하여 표준 증빙 서류가 정하여져 있습니다. 관세직 공무원분들도 맡은 바 업무를 수행하는

것입니다. 정정은 가급적 하지 않는 것이 바람직합니다. 정정이
이루어지면 오류점수 및 법규준수도 등에 영향을 미칩니다.

법규준수도란

수출입관련 법령(관세법, 환급특례법, FTA 특례법, 대외무역법, 외국환거래법 등)에 따라 세관업무와 관련한 각종 신고·제출·납부·이행 등 법정사항에 대한 준수정도와 관세정책에 대한 참여정도를 말합니다. 근거 규정으로 통합 법규준수도 평가와 운영에 관한 시행세칙이 있습니다.

예술품 대신 종이가 가득하다고?

　통관 업무를 진행하면서 별일을 다 겪습니다. 몇 년 전의 일입니다. 고객의 의뢰를 받아 수입통관을 진행하였습니다. 고가의 예술품입니다. 국내 운송도 최대한 조심하라는 당부의 말씀도 하십니다. 무진동 차량까지 섭외를 할지 고객과 의논한 기억이 있습니다. 고액의 관세 및 부가세를 납부하고 수입신고필증이 나와 국내 운송도 마무리되었습니다. 그런데 업체에서 전화가 왔습니다. 큰일이 났습니다. 박스를 열어보니 예술품은 없고 대신 종이 책자가 가득하다고···. 순간 머릿속이 하얗게 변했습니다. 무역 사기인가? 업체는 수출업체에게 전화를 시도하지만 지구 반대편에 있는 수출업체는 전화를 받지 않습니다. 마침내 수출업체와 전화 연결이 되었습니다. 어떻게 된 것이냐고 물었습니다. 반전입니다. 해당 예술품은 현재 운송 중에 있고 그 물품의 카다로그만 미리 도착한 것이었습니다. 정정이 필요한 사항입니다. 고액의 관세 및 부가세를 납부하였기에 사진을 찍어 물품을 들고 인천공항 세관으로 달려갔습니다. 이렇게 통관을 하다보면 서류와 실물이 맞지 않아 곤란한 경우가 간혹 발생합니다. 오늘도 땀을 닦습니다. 잠시 쉬고 다시 걷습니다.

맥주와 케그

거리를 걷다보면 호프집이 보입니다. 호프집의 케그(keg)로 시선이 향합니다. 이것도 직업병입니다. 케그로 시선이 향하는 이유는 몇 년 전 맥주와 케그를 수입할 때 운임의 가산방법이 이슈가 된 기억 때문입니다. 요지는 수입신고 시 맥주는 과세대상으로 수입신고서 제1란에 기재 그리고 케그는 재수출 면세로 제2란에 기재하여 수입신고할 경우 운임을 전액 가산하여야 하는지 아니면 맥주와 용기에 어느 기준으로 안분하여야 하는지의 이슈입니다. 운임은 케그가 아닌 맥주를 수입하기 위해 지급하는 비용이기에 전액 가산한다는 것이 정답입니다. 우리 주변에는 관세 및 무역

관련 소재가 무궁무진합니다.

관세법 제97조(재수출면세)(일부 발췌)

① 수입신고 수리일부터 다음 각 호의 어느 하나의 기간에 다시 수출하는 물품에 대하여는 그 관세를 면제할 수 있다.

1. 기획재정부령으로 정하는 물품: 1년의 범위에서 대통령령으로 정하는 기준에 따라 세관장이 정하는 기간. 다만, 세관장은 부득이한 사유가 있다고 인정될 때에는 1년의 범위에서 그 기간을 연장할 수 있다.

2. 1년을 초과하여 수출하여야 할 부득이한 사유가 있는 물품으로서 기획재정부령으로 정하는 물품: 세관장이 정하는 기간

포워더의 이해

관세사무소와 포워더는 밀접한 관계입니다. 포워더는 무엇을 하는 곳일까요? 포워더(Forwarder)의 사전적 의미는 '무역에서 화물의 운송에 관련된 업무를 취급하는 운송주선인'입니다. 이해를 돕기 위해서 예시를 들겠습니다. 우리가 여행을 하는 경우 호텔 예약이 필요합니다. 그런데 호텔을 예약할 때 직접 호텔에 전화를 걸어 예약하는 경우보다 일정 대리점 또는 비교 사이트 등을 통해서 예약을 진행합니다. 이렇듯 우리가 화물을 해외로 보낼 때 직접 항공사 또는 선사에 전화할 수도 있지만 물량이 많지 않기에 하나의 컨테이너를 채우기 부족하거나 직접 예약을 하는

방법을 모르는 경우가 많습니다. 이 업무를 대행해주는 곳이 포
워더입니다.

저의 직업은 **관세사**입니다

관세사가 실제 쓴
의견서

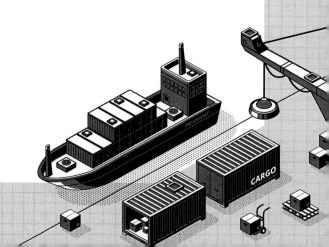

관세사가 실제 쓴 의견서는 업체가 알아야 할 업무를 정리해 드리고 업체가 보고해야 할 부분을 도와드리기 위해 작성한 것입니다. 제시되는 의견서의 분야별 샘플은 가급적 업체의 난해한 질의가 아닌 보편적인 질의에 대한 의견서로 제시하였습니다. 업체의 상호, 경영정보 등은 삭제하였습니다. 작성 시기에 따라 현재 법률과 맞지 않는 부분이 있을 수 있습니다. 의견서의 모든 내용은 일반적인 정보 제공을 위한 것일 뿐이며 유권해석이 아닙니다.

무상의 수입 예정 물품 가격신고 시 물품의 가격 측면 관련 검토

▋ 질의 요지

귀사에서 무상의 수입 예정 물품 가격신고 시 물품의 가격 측면 관련 검토를 의뢰하였습니다. 당사에서는 귀사에서 제공한 정보만을 가지고 검토하였습니다.

▋ 검토 의견

1. '무상'의 의미

1) '무상'의 사전적 의미는 '어떤 행위에 대하여 아무런 대가나

보상이 없음'입니다.

2) 즉 수출입 업무에서 '무상'이라 함은 외국환 결제가 이루어
지지 않는 것입니다.

3) 외국환 결제가 이루어지지 않는다고 하여 물품의 가격이 없
는 것은 아닙니다. 물품의 가격을 수출입신고 시 신고하여
야 합니다. 감면세 적용이 아닌 이상 관세 및 부가세 등의
세금을 납부하여야 합니다. '무상'이라는 용어의 뉘앙스 때
문에 '무상' 거래의 경우 관세 및 부가세 등을 납부하지 않는
다고 생각하는 것은 잘못된 것입니다.

2. '물품의 가격' 관련

1) 과세가격 결정의 원칙(관세법 제30조) 검토(필요 부분만 발췌)

① 수입물품의 과세가격은 우리나라에 수출하기 위하여 판매되는 물품에 대
하여 구매자가 실제로 지급하였거나 지급하여야 할 가격에 다음 각 호의
금액을 더하여 조정한 거래가격으로 한다. 다만, 다음 각 호의 금액을 더
할 때에는 객관적이고 수량화할 수 있는 자료에 근거하여야 하며, 이러한
자료가 없는 경우에는 이 조에 규정된 방법으로 과세가격을 결정하지 아
니하고 제31조부터 제35조까지에 규정된 방법으로 과세가격을 결정한다.
1. 구매자가 부담하는 수수료와 중개료. 다만, 구매수수료는 제외한다.
2. 해당 수입물품과 동일체로 취급되는 용기의 비용과 해당 수입물품의
포장에 드는 노무비와 자재비로서 구매자가 부담하는 비용

3. 구매자가 해당 수입물품의 생산 및 수출거래를 위하여 대통령령으로 정하는 물품 및 용역을 무료 또는 인하된 가격으로 직접 또는 간접으로 공급한 경우에는 그 물품 및 용역의 가격 또는 인하차액을 해당 수입물품의 총생산량 등 대통령령으로 정하는 요소를 고려하여 적절히 배분한 금액

4. 특허권, 실용신안권, 디자인권, 상표권 및 이와 유사한 권리를 사용하는 대가로 지급하는 것으로서 대통령령으로 정하는 바에 따라 산출된 금액

5. 해당 수입물품을 수입한 후 전매·처분 또는 사용하여 생긴 수익금액 중 판매자에게 직접 또는 간접으로 귀속되는 금액

6. 수입항(輸入港)까지의 운임·보험료와 그 밖에 운송과 관련되는 비용으로서 대통령령으로 정하는 바에 따라 결정된 금액. 다만, 기획재정부령으로 정하는 수입물품의 경우에는 이의 전부 또는 일부를 제외할 수 있다.

2) 관세법 제31조 내지 제35조 정리

관세법 제31조(동종·동질물품의 거래가격을 기초로 한 과세가격의 결정)
관세법 제32조(유사물품의 거래가격을 기초로 한 과세가격의 결정)
관세법 제33조(국내판매가격을 기초로 한 과세가격의 결정)
관세법 제34조(산정가격을 기초로 한 과세가격의 결정)
관세법 제35조(합리적 기준에 따른 과세가격의 결정)

3) 위 과세가격 결정의 원칙(관세법 제30조)에 의거하여 '수입

물품의 과세가격은 우리나라에 수출하기 위하여 판매되는 물품에 대하여 구매자가 실제로 지급하였거나 지급하여야 할 가격'이 본 바탕이라 할 수 있습니다. 물론 법정 가산요소 및 공제요소 금액 등을 조정하여 가격이 확정되나 그 바탕이 되는 것은 위의 밑줄 친 가격입니다. 관세법 제31조 내지 제35조의 여러 과세가격의 결정방법도 관세법 제30조의 과세가격 결정의 원칙으로 귀결된다고 볼 수 있습니다.

▌관련 법령

관세법·시행령·시행규칙

수입물품 과세가격 결정에 관한 고시 등

(세계)관세율 조회 방법 관련 정리

▌ **질의 요지**

귀사에서 (세계)관세율 조회 방법 관련하여 문의하였습니다. 당사에서는 귀사에서 제공한 정보만을 가지고 검토하였습니다.

▌ **검토 의견**

1. (세계)관세율 조회 방법

※ 중국(예)에서 발생하는 수입 관세율은 다음 사항을 참고하여 주시기 바랍니다.

1) 다음의 표는 (세계)관세율 조회 방법 순서입니다.

구분	내용
1	검색창에 '관세법령정보포털' 입력 이동 (URL: http://unipass.customs.go.kr/clip/index.do)
2	상단 메뉴 중 '세계HS' 클릭
3	우측 각 국가의 국기 클릭 (대한민국, 미국, 중국, 일본, 캐나다, 사우디아라비아 등 수십 개 주요 국가 정보 제공)
4	검색 칸에 'HS번호' 입력 후 조회
5	검색 완료

2) 해당 화면

▌관련 법령

통일상품명 및 부호체계에 관한 국제협약과 그 부속서

관세법령정보포털 웹사이트 등

HS번호 '3802.10-0000' 관련 문의

▌ 질의 요지

귀사에서 HS번호 '3802.10-0000' 관련 문의를 하였습니다. 당사에서는 귀사에서 제공한 정보만을 가지고 검토하였습니다.

▌ 검토 의견

1. HS번호 '3802.10-0000' 정리

HS번호			용 어
3802	10	0000	활성탄

세관장확인대상

먹는물관리법

다음의 것은 시·도지사에게 신고를 필하고 수입할 수 있음

● 수처리제(활성탄)

수입식품안전관리특별법

식품 또는 식품첨가물의 것은 수입식품안전관리 특별법 제20조에 따라 지방식품의약품안전청장에게 신고하여야 한다.

2. '먹는 물 관리법' 관련('수처리제'(활성탄)의 경우)

먹는 물 관리법 시행규칙

제16조(수입신고 등)

① 먹는샘물 등, 수처리제 또는 그 용기를 수입하려는 자는 법 제26조제1항에 따라 별지 제16호서식의 수입신고서(전자문서를 포함한다)에 다음 각 호의 서류(전자문서를 포함한다)를 1부씩 첨부하여 시·도지사에게 제출하여야 한다.

1. 수입 관련 서류

2. 원수의 수질검사서 사본(먹는샘물 등만 해당한다)

3. 제조일자를 증명할 수 있는 서류(제조자가 제품의 제조일자를 표시한 경우는 제외한다)

4. 자가기준 및 자가규격검토서(수처리제만 해당한다)

5. 원수가 법 제3조제2호 및 제3호의2에서 규정하고 있는 수질의 안전성을 계속 유지할 수 있는 자연상태의 깨끗한 물인지를 증명하는 서류

② 시·도지사는 제1항에 따른 수입신고를 받으면 별표 4의 검사방법에 따라

검사하여야 한다. 다만, 법 제31조제1항에 따른 수질개선부담금(이하 "부담금"이라 한다)을 2회 이상 내지 아니한 먹는샘물 등의 수입판매업자에게는 법 제26조제3항에 따라 검사를 거부할 수 있다.

③ 제2항에 따른 검사결과 법 제36조제1항 및 제2항에 따른 기준과 규격에 적합한 때에는 별지 제17호서식의 수입신고증명서를 발급하여야 한다.

환경부	토양지하수과	044-201-7188
한강유역환경청장	측정분석과	031-790-2875

서울시 관련

서울시 신청사 1층 열린 민원실, 시민봉사담당관, ○○○ 선생님,

02-2133-7921

원산지증명서 포함 선적서류, 성분분석표, 제조일자

▌ 관련 법령

먹는물관리법·시행령·시행규칙

통일상품명 및 부호체계에 관한 국제협약과 그 부속서 등

관세환급(간이정액환급) 관련 검토

질의 요지

'○○'와 '동행 관세사무소'의 금일 미팅 중에 논의한 사항으로 관세환급 中 간이정액환급에 대하여 정리하여 드립니다. 향후 수출이 증가할 경우 수출 금액의 비율에 따라 일정 금액을 환급받을 수 있기 때문에 알아두시면 좋습니다. 당사에서는 귀사에서 제공한 정보만을 가지고 검토하였습니다.

업체	업무 상태
○○	'○○' 는 국내에서 모자 등의 원자재를 구매한 상태로 (원자재의 소유권은 '○○'에게 있음)

업체	업무 상태
제조업체 (A)	모자 등의 제조업체에게 제조·가공 의뢰 ('○○'는 임가공비를 제조업체에게 지불)
	원자재를 사용하여 모자 등의 완성품으로 제조·가공
○○	완성품을 일본·미국 등으로 수출

➡ '○○'의 사업자등록증上 업태에 '제조업' 기입 확인

▌ 검토 의견

1. 간이정액환급의 정의

간이정액환급제도는 중소기업의 수출 지원 및 환급절차 간소화를 위해 간이정액 환급 대상 **중소기업**이 **생산**하여 **수출**한 물품에 대하여는 수출물품 생산에 소요 된 원재료의 납부세액 확인을 생략하고 수출사실만을 확인하여 간단하게 환급하 는 제도

2. '○○'가 생산자가 될 수 있는 지 여부

수출용원재료에 대한 관세 등 환급사무처리에 관한 고시 제4조(환급신청인)
(필요 부분만 발췌)

① 법 제14조제1항 및 「수출용 원재료에 대한 관세 등 환급에 관한 특례법 시행령」 제18조제1항에 따른 관세 등의 환급신청 등은 다음 각 호의 어느 하나에 해당하는 자가 하여야 한다. 다만, 간이정액환급신청의 경우에는 제조자[우리나라 안에서 임가공을 위탁하는 경우에는 임가공 위탁자를 말

한대가 신청하여야 한다.

② 제1항에서 "임가공 위탁자"란 제조시설이 있는 업체에 수출물품의 제조를
의뢰하는 경우로서 다음 각 호의 요건을 모두 충족하는 자를 말한다. 이
경우 제2호의 주재료에 해당하는지 여부는 일반적으로 인정된 회계원칙
상 구분에 따른다.

1. 위탁자가 생산할 제품을 직접 기획(고안 및 디자인, 견본제작 등)할 것
2. 모든 주재료(부재료 및 보조원재료를 제외한다)를 위탁자의 계산과 책
   임으로 구입하여 제조업체에게 제공할 것
3. 제조업체로 하여금 제공받은 원재료로 제품을 생산하도록 할 것
4. 제조업체가 생산한 제품을 인수하여 위탁자 책임으로 직접 판매하거나
   수출 등에 제공할 것

➜ '○○'가 실제 제조를 하지 않으나 수출용원재료에 대한 관
세 등 환급사무처리에 관한 고시 제4조에 의거하여 '제조자'
가 될 수 있을 것으로 판단합니다. 위의 요건에 해당하지 않
을 경우 '제조자'가 아니며 간이정액환급 적용 불가능합니다.

3. 수출신고서上 관세환급 관련 입력 부분 파악

구분	내용
제조자 정보	제조자 코드, 통관부호, 제조 장소, 지역코드, 산업단지부호
환급신청인	1: 수출대행자/수출화주, 2: 제조자

※ '제조자'와 '수출자' 모두 '○○'로 입력합니다.

4. 환급 금액의 산정

> **수출용원재료에 대한 관세 등 환급사무처리에 관한 고시 제29조**
> **(간이정액환급률표의 고시)**
>
> ② 간이정액환급률표는 수출금액 원화 10,000원을 기준으로 산정하되, 10원
> 단위로 고시한다.

1) HS별 수출금액 FOB 10,000원당 환급액(2018. 8. 16 기준)

HS번호	수출금액 FOB 10,000원당 환급액
6505.00-9029	10원
3923.21-0000	40원

2) '○○'의 기 진행 수출 2건에 대한 환급액 산출

수출신고번호	HS번호	수출 금액 (FOB)	10,000원당 환급액 (FOB)
X	6505.00-9029	원	원(10원 적용)

수출신고번호	HS번호	수출 금액 (FOB)	10,000원당 환급액 (FOB)
(2018.8.7.)	3923.21-0000	원	원(40원 적용)
X	6505.00-9029	원	원(10원 적용)
(2018.7.20.)	3923.21-0000	원	원(40원 적용)

➜ 기 진행 수출 2건에 대한 환급액은 모두 원입니다. 금액이 크지 않기에 건별로 신청하는 것은 실효성이 없습니다. (관세사 환급신청 대행 수수료 발생) 수출신고수리일부터 2년 이내에 환급 신청할 수 있습니다. 수출 실적이 쌓인 후 환급 신청할 것을 권유합니다.

5. 관세사 환급신청 대행수수료(부가세 별도)

환급금액의 O% / MIN O만 원

▌관련 법령

수출용 원재료에 대한 관세 등 환급에 관한 특례법·시행령·시행규칙

수출용원재료에 대한 관세 등 환급사무처리에 관한 고시 등

원상태 수출의 환급 관련 주요 내용 정리

▌질의 요지

　귀사와 동행 관세사무소의 금일 미팅에서 언급된 원상태 수출의 환급 관련 주요 내용에 대하여 정리합니다. 당사에서는 귀사에서 제공한 정보만을 가지고 검토하였습니다.

▌검토 의견

1. 관세환급 요건 충족 체크

구분	요건(근거 규정)
환급대상 원재료	수입한 상태 그대로 수출한 경우: 해당 수출물품(환급특례법 제3조 제1항 제2호)
환급대상 수출	관세법에 따라 수출신고가 수리된 수출(원칙 유상)(환급특례법 제4조)
수출 이행기간	수출신고를 수리한 날이 속하는 달의 말일부터 소급하여 2년 이내에 수입된 해당 물품의 수출용원재료에 대한 관세 등을 환급(환급특례법 제9조)
환급청구권	수출신고수리일부터 2년 이내에 환급신청(환급특례법 제14조)

※ 환급특례법상의 환급대상에서 부가가치세는 제외됩니다.

2. 수입원재료를 원상태 양도하여 수출한 경우(귀사의 경우)

1) 분할증명서의 정의(필요 부분만 발췌)

환급특례법 제12조(기초원재료납세증명 등)

① 세관장은 수출용원재료가 내국신용장 등에 의하여 거래된 경우 관세 등의 환급업무를 효율적으로 수행하기 위하여 대통령령으로 정하는 바에 따라 제조·가공 후 거래된 수출용원재료에 대한 납부세액을 증명하는 서류(이하 "기초원재료납세증명서"라 한다)를 발급하거나 **수입된 상태 그대로 거래된 수출용원재료에 대한 납부세액을 증명하는 서류(이하 "수입세액분할증명서"라 한다)**를 발급할 수 있다.

---

3. **"수입세액분할증명서"(이하 "분증"이라 한다)란 수입 또는 구매한 상태 그대로 공급된 물품에 대한 납부세액을 증명하기 위하여 수입신고필증·평세증·기납증을 분할하여 증명한 서류**로서, 법 제12조제1항의 "수입세액분할증명서"를 말한다.

※ 귀사의 경우 환급대상원재료를 직접 수입하지 아니하고 국내의 수입업자로부터 공급받은 경우이기에 분할증명서를 공급자로부터 발급받아야 합니다. <u>다시 말해 수출자와 수입자가 상이해도 원상태 수출의 환급 가능합니다.</u>

2) 분할증명서의 경우 수출이행기간

분할증명서의 경우 수출이행기간의 변함이 없습니다. 즉 수출신고를 수리한 날이 속하는 달의 말일부터 소급하여 2년 이내에 수입된 해당 물품이어야 합니다.

3. 원상태의 의미

1) '수입한 상태 그대로 수출한 경우'라 함은 수입신고필증과 수출신고필증의 물품의 '품명 및 규격'은 물론 성능, 상태도 동일한 경우를 뜻합니다.

2) 최초 대한민국으로 수출한 자와 대한민국에서 수출하는 상대방의 수입하는 자는 동일할 필요는 없습니다.

3) 수출 단가가 수입 단가보다 높은 경우가 있을 수 있으나 크게 차이나는 경우 세관에 소명이 필요합니다. 반대로 수출 단가가 수입 단가보다 낮은 경우 원상태의 의미에서 다소 벗어나기에 인정 여부를 위해 세관에 소명이 필요합니다.

▌ 관련 법령

수출용 원재료에 대한 관세 등 환급에 관한 특례법·시행령·시행규칙

수출용원재료에 대한 관세 등 환급사무처리에 관한 고시 등

수입 예정 물품에 대한 관세법 제99조 (재수입면세) 적용 여부 검토

▌ 질의 요지

귀사와 해외 거래처 間의 위탁 계약에 따라 귀사에서 물품을 수출하여 해외에서 미판매분 물품이 재수입되는 경우에 대하여 관세법 제99조 재수입면세 적용 여부 검토를 의뢰하였습니다. 당사에서는 귀사에서 제공한 정보만을 가지고 검토하였습니다.

▌ 검토 의견

1. 관세법 검토

1) 관세법 제99조(재수입면세)(필요 부분만 발췌)

다음 각 호의 어느 하나에 해당하는 물품이 수입될 때에는 그 관세를 면제할 수 있다.

1. <u>우리나라에서 수출</u>(보세가공수출을 포함한다)<u>된 물품으로서 해외에서 제조·가공·수리 또는 사용</u>(장기간에 걸쳐 사용할 수 있는 물품으로서 임대차계약 또는 도급계약 등에 따라 해외에서 일시적으로 사용하기 위하여 수출된 물품 중 기획재정부령으로 정하는 물품이 사용된 경우와 박람회, 전시회, 품평회, 그 밖에 이에 준하는 행사에 출품 또는 사용된 경우는 제외한다)<u>되지 아니하고 수출신고 수리일부터 2년 내에 다시 수입</u>(이하 이 조에서 "재수입"이라 한다)되는 물품. 다만, 다음 각 목의 어느 하나에 해당하는 경우에는 관세를 면제하지 아니한다.

가. 해당 물품 또는 원자재에 대하여 관세를 감면받은 경우

나. 이 법 또는 「수출용원재료에 대한 관세 등 환급에 관한 특례법」에 따른 환급을 받은 경우

다. 이 법 또는 「수출용 원재료에 대한 관세 등 환급에 관한 특례법」에 따른 환급을 받을 수 있는 자 외의 자가 해당 물품을 재수입하는 경우. 다만, 재수입하는 물품에 대하여 환급을 받을 수 있는 자가 환급받을 권리를 포기하였음을 증명하는 서류를 재수입하는 자가 세관장에게 제출하는 경우는 제외한다.

라. 보세가공 또는 장치기간경과물품을 재수출조건으로 매각함에 따라 관세가 부과되지 아니한 경우

2. 수출물품의 용기로서 다시 수입하는 물품

3. 해외시험 및 연구를 목적으로 수출된 후 재수입되는 물품

➡ 귀사의 경우 위 관세법 제99조(재수입면세) 중 밑줄 글씨로 표시된 부분, 즉 '우리나라에서 수출된 물품으로서 해외에서

제조·가공·수리 또는 사용되지 아니하고 수출신고 수리일부터 2년 내에 다시수입'에 해당되는 것으로 판단됩니다.

2. 관세법 제99조(재수입면세) 적용시 필요서류

→ 수출신고필증(수입 물품과 동일성 여부 확인 자료) 등이 필요합니다.

관세법 시행규칙 제54조(관세가 면제되는 재수입 물품 등)

② 법 제99조제1호부터 제3호까지의 규정에 따라 관세를 감면받으려는 자는 그 물품의 수출신고필증·반송신고필증 또는 이를 갈음할 서류를 세관장에게 제출하여야 한다.

---

3. 부가가치세법 검토(필요 부분만 발췌)

제27조(재화의 수입에 대한 면세) 다음 각 호에 해당하는 재화의 수입에 대하여는 부가가치세를 면제한다.

　12. 수출된 후 다시 수입하는 재화로서 관세가 감면되는 것 중 대통령령으로 정하는 것. 다만, 관세가 경감(輕減)되는 경우에는 경감되는 비율만큼만 면제한다.

부가가치세법 시행령 제54조
(다시 수입하는 재화로서 관세가 감면되는 것의 범위)
법 제27조제12호 본문에 따른 수출된 후 다시 수입하는 재화로서 관세가

감면되는 것은 사업자가 재화를 사용하거나 소비할 권한을 이전하지 아니하고 외국으로 반출하였다가 다시 수입하는 재화로서「관세법」제99조에 따라 관세가 면제되거나 같은 법 제101조에 따라 관세가 경감되는 재화로 한다.

→ 귀사와 해외 거래처 間의 위탁 계약은 부가가치세법 제27조 및 동법 시행령 제54조에 의거하여 권한 이전이 되지 않는 것으로 판단됩니다. 부가가치세 면세로 통관 예상됩니다. 증빙 서류는 요구됩니다.

█ 관련 법령

관세법·시행령·시행규칙

부가가치세법·시행령·시행규칙 등

대한민국 관세법 제94조(소액물품 등의 면세) 관련 규정 등 정리

▌ **질의 요지**

귀사에서 수입 예정 물품인 'Rare Hawaiian Organic White Kiawe Honey(HS Code: 0409.00-0000)' 관련하여 대한민국 관세법 제94조(소액물품 등의 면세) 정리합니다. 당사에서는 귀사에서 제공한 정보만을 가지고 검토하였습니다.

▌ **검토 의견**

1. 관세법 검토(필요 부분만 발췌)

1) 관세법 제94조(소액물품 등의 면세)

다음 각 호의 어느 하나에 해당하는 물품이 수입될 때에는 그 관세를 면제할 수 있다.

1. 우리나라의 거주자에게 수여된 훈장·기장(紀章) 또는 이에 준하는 표창장 및 상패
2. 기록문서 또는 그 밖의 서류
3. 상용견품(商用見品) 또는 광고용품으로서 <u>기획재정부령으로 정하는 물품</u>(아래 기술)
4. 우리나라 거주자가 받는 소액물품으로서 <u>기획재정부령으로 정하는 물품</u>(아래 기술)

2) 관세법 시행규칙 제45조(관세가 면제되는 소액물품)

① 법 제94조 제3호의 규정에 의하여 관세가 면제되는 물품은 다음 각 호와 같다.

1. 물품이 천공 또는 절단되었거나 통상적인 조건으로 판매할 수 없는 상태로 처리되어 견품으로 사용될 것으로 인정되는 물품
2. 판매 또는 임대를 위한 물품의 상품목록·가격표 및 교역안내서 등
3. 과세가격이 미화 250달러 이하인 물품으로서 견품으로 사용될 것으로 인정되는 물품
4. 물품의 형상·성질 및 성능으로 보아 견품으로 사용될 것으로 인정되는 물품

② 법 제94조 제4호의 규정에 의하여 관세가 면제되는 물품은 다음 각 호와 같다.

1. 물품가격이 미화 150달러 이하의 물품으로서 자가사용 물품으로 인정되는 것. 다만, 반복 또는 분할하여 수입되는 물품으로서 관세청장이 정하는 기준에 해당하는 것을 제외한다.
2. 박람회 기타 이에 준하는 행사에 참가하는 자가 행사장 안에서 관람자에게 무상으로 제공하기 위하여 수입하는 물품(전시할 기계의 성능을 보여주기 위한 원료를 포함한다). 다만, 관람자 1인당 제공량의 정상도착가격이 미화 5달러 상당액 이하의 것으로서 세관장이 타당하다고 인정하는 것에 한한다.

2. 견본품(또는 견품: Sample)의 정의

관세감면실무 발췌(한국관세무역개발원)
견본품이란 통상 상거래 물품의 품질·규격·색상·디자인 등을 확정 또는 입증하기 위하여 거래 당사자 간에 주고받는 것

➔ 귀사의 수입 예정 물품인 '꿀'은 연구개발용으로써 위의 견본품 정의에 일치하지 않는다고 판단됩니다.

▌관련 법령

관세법·시행령·시행규칙

관세감면실무(정재완·장준영 공저/한국관세무역개발원 출판) 등

외국환거래법상 상계 및 제3자 지급 관련 내용 정리

▌질의 요지

외국환거래법상 상계 및 제3자 지급의 개념 등에 대하여 정리합니다. 당사에서는 귀사에서 제공한 정보만을 가지고 검토하였습니다.

▌검토 의견

1. 관련 정리

1) 상계

구 분	신고 대상
미화 5천불 이하인 상계	신고를 요하지 않음
미화 5천불 초과인 상계	외국환은행장 신고
다자간 상계, 다국적기업의 상계센터 상계	한국은행총재 신고
상호계산 신고서	지정거래외국환은행장 신고

2) 제3자 지급

구 분	신고 대상
미화 5천불 이하인 제3자 지급	신고를 요하지 않음
미화 5천불 초과 ~ 1만불 이내	외국환은행장 신고
미화 1만불 초과	한국은행총재 신고

2. 외국환은행에 상계 및 제3자 지급 신고시 필요 서류

지급 등의 방법(변경) 신고서(첨부2) / 사유서 /
수출입계약서 사본 1부 / 지급 등의 방법에 관한 입증서류 1부

3. 관세청(세관)의 외환조사 등을 통하여 상계 미신고 시 등 조사 결과에 따라서 고의성이 있는 경우 검찰에 고발될 수 있는 등 불이익이 있습니다.

▌관련 법령

외국환거래법·시행령

외국환거래규정

외국환거래제도 설명회 강의자료(관세청 & 금융감독원 발행) 등

'Software' 관련 외국환거래법 검토

▌질의 요지

귀사에서 'Software' 관련 외국환거래법 검토를 의뢰하였습니다.
당사에서는 귀사에서 제공한 정보만을 가지고 검토하였습니다.

▌검토 의견

1. 거래 관계

구분	내용
1	○○이 미국 소재 Vendor 로부터 'Software'를 구입하여 해외로 송부 (DHL 또는 Hand Carry 로 송부)
2	'Software' 물품 흐름은 미국에서 해외로 바로 송부

구분	내용
3	○○은 미국 Vendor 에게 'Software' 값과 'Site Supervision' fee 송금

→ 사실 관계가 위와 다를 경우 당사로 회신주시기 바랍니다.

2. 관세법 및 외국환거래법 관련 규정 검토(필요 부분만 발췌)

1) 관세법 제14조(과세물건)

> 수입물품에는 관세를 부과한다.

→ 관세법 제14조에 의거하여 수입물품에는 관세를 부과합니다. 즉 위 거래 관계는 대한민국으로의 물품 수입이 없으므로 관세와는 관계가 없습니다. 언급하신 것처럼 Download 형태 수입은 관세법과 관계가 없습니다.

2) 관세법 시행령 제19조(권리사용료의 산출) 제4항

> ④ 제2항을 적용할 때 컴퓨터소프트웨어에 대하여 지급되는 권리사용료는 컴퓨터소프트웨어가 수록된 마그네틱테이프·마그네틱디스크·시디롬 및 이와 유사한 물품[법 별표 관세율표 번호(이하 "관세율표 번호"라 한다) 제8523호에 속하는 것으로 한정한다]과 관련되지 아니하는 것으로 본다.

HS번호	호의 용어
8523	디스크·테이프·솔리드 스테이트(solid-state)의 비휘발성 기억장치·스마트카드와 음성이나 그 밖의 현상의 기록용 기타 매체[기록된 것인지에 상관없으며 디스크 제조용 매트릭스(matrices)와 마스터(master)를 포함하되, 제37류의 물품은 제외한다]

→ 본 조항이 설명하는 것은 'Software'가 HS번호 제8523호에 분류되는 물품에 체화되어 있는 경우 "'Software' 비용을 포함하지 아니하고 제8523호의 물품의 가격만을 과세표준으로 구성한다"라는 의미입니다. 제8523호 외의 경우 권리사용료 가산요건이 되는지 살펴보아야 합니다.

3) 외국환거래법 검토

(1) 관세청은 관세법 및 기업심사 운영에 관한 훈령에 의거하여 기업심사(법인심사 및 기획심사) 시 기업의 수출입신고 금액 및 외국환 당발 및 타발 내역을 비교/검토합니다.

(2) 위의 거래 관계는 수출입신고필증 금액과는 관계가 없습니다. 다만 미국 Vendor 에게 'Software' 값과 'Site Supervision' fee 송금한 것을 계약서 등으로 소명하여야 합니다. 송금 시 외환코드를 맞게 선택하여야 합니다.

(3) (예시) 주요 무역외거래에 따른 외환코드

항목 (무역거래)	코드	내용
사전송금방식 수출대금영수	653	거주자가 비거주자로부터 패키지 소프트웨어(Operating System), 응용프로그램 등 컴퓨터프로그램을 매입하고 지급한 대가

관련 법령

관세법·시행령·시행규칙

외국환거래법

통일상품명 및 부호체계에 관한 국제협약과 그 부속서 등

특정물품(대용량 정수기)의 한-인도 CEPA 적용 관련 내용 정리(수출의 경우)

▌ 질의 요지

귀사에서 특정물품(대용량 정수기)의 한-인도 CEPA 적용 관련 내용에 대하여 문의하였습니다. 대한민국에서 인도로 수출하는 경우를 가정하며 관련 내용을 정리합니다. 당사에서는 귀사에서 제공한 정보만을 가지고 검토하였습니다.

▌ 검토 의견

1. 대용량 정수기 예상 HS번호 정리

HS번호			용어
8421			원심분리기(원심탈수기를 포함한다), 액체용이나 기체용 여과기나 청정기
	2		액체용 여과기나 청정기
	21		물의 여과기나 청정기
		90	기타(가정형 아님)
		9090	

➔ 인도 측 또는 귀사에서 파악하고 있는 HS번호가 있는 경우 당사로 통보바랍니다.

2. 인도 수입 시 관세율 및 원산지결정기준

기본	FTA	원산지결정기준
7.5%	5%	다음 각 호의 어느 하나에 해당하는 경우 원산지 상품으로 간주한다. 1. 수출당사국의 영역에서 완전생산된 것 2. 다른 소호에 해당하는 재료로부터 생산된 것. 다만, 35% 이상의 역내부가가치가 발생한 것에 한정한다.

➔ 본 HS번호의 경우 인도 수입 시 기본 관세율이 7.5% 이며, 한-인도 CEPA(FTA) 원산지결정기준을 충족하고 원산지증명서를 발급받으면 FTA 관세율 5%로 통관 가능할 것으로 보입니다.

➔ 다만, 금일 미팅에서 귀사가 언급한 부분, 즉 인도 수입 시 40%의 관세율이 부과된다는 것은 추측컨대 관세 뿐만 아니

라 부가가치세, 사회보장세율 등 인도의 내국세를 모두 합친 것이 아닐까 판단합니다. 또는 인도 측에 문의하셔서 그 HS번호가 위의 HS번호와 다를 수 있습니다. 그 HS번호를 알려주시면 인도 기본 관세율 및 FTA 관세율을 알려드리겠습니다.

3. 원산지증명서 발급 前 체크사항

1) FTA 협정상 HS번호 6단위별 원산지결정기준 확인
2) 상대국(인도)의 HS번호 최종단위별 협정세율 확인

→ 즉 원산지결정기준이 충족하지 않을 경우 원산지증명서 발급 자체가 안 되며, 상대국(인도)의 HS번호 협정세율과 기본세율이 차이가 나지 않을 경우 한-인도 FTA 원산지증명서 발급의 실효성을 생각하여야 합니다.

→ 실제로 위와 같은 사유로 상대국과 FTA 체결이 되어 있음에도 불구하고 원산지증명서 발행을 포기하는 경우도 많습니다.

4. 한-인도 FTA 원산지증명서

구분	내용	
발급 방식	기관 발급	
신청 시기(원칙)	선적이 완료되기 전에 신청	
발급 기관	대한민국	상공회의소 또는 세관
	인도	인도수출검사위원회

5. 원산지증명서 발급 신청 시 구비서류

1. 수출신고필증
2. Invoice 및 Packing List
3. 원산지소명서
4. 원산지확인서
5. 원산지소명서를 입증할 수 있는 서류 · 정보
    1) 세번변경기준을 적용하는 물품은 세번변경 관련 입증서류
       (예: 원료구입명세서, 자재명세서(BOM) 등)
    2) 부가가치기준을 적용하는 물품은 비원산지재료, 원산지재료 및 수출물품의 가격관련 입증서류
       (예: 자재명세서(BOM), 원료구입명세서, 원료수불부, 원가산출내역서 등)
6. 기타(필요시 국내제조확인서 등)

6. 제반 사항

1) 상공회의소 무역인증서비스센터 회원가입 및 신청자 서명 등록
   (http://cert.korcham.net/base/index.htm)

2) 인증서 준비 등

▎관련 법령

자유무역협정의 이행을 위한 관세법의 특례에 관한 법률·시행령·시행규칙

자유무역협정의 이행을 위한 관세법의 특례에 관한 법률 사무처리에 관한 고시

관세청 Yes FTA 웹사이트

통일상품명 및 부호체계에 관한 국제협약과 그 부속서 등

한-중 FTA 적용 원산지증명서 발급 관련 내용 정리

▌ **질의 요지**

귀사에서 FTA 적용 원산지증명서 발급 관련 내용에 대하여 문의하였습니다. 당사에서는 귀사에서 제공한 정보만을 가지고 검토하였습니다.

▌ **검토 의견**

1. 원산지증명서 발급 前 체크사항(수출국 입장)

1) FTA 협정상 HS번호 6단위별 원산지결정기준 확인

2) 상대국의 HS번호 최종단위별 협정세율 확인

→ 즉 원산지결정기준이 충족하지 않을 경우 원산지증명서 발급 자체가 안 되며, 상대국의 HS번호 협정세율과 기본세율이 차이가 나지 않을 경우 FTA 원산지증명서 발급의 실효성을 생각하여야 합니다.

→ 실제로 위와 같은 사유로 또는 물품 공급자로부터의 원산지확인서 수취 불가능으로 인하여 상대국과 FTA 체결이 되어 있음에도 불구하고 원산지증명서 발행을 포기하는 경우도 많습니다.

2. (예시) 한-중 FTA 원산지증명서

구분		내용
발급 방식		기관 발급
신청 시기(원칙)		선적 前, 선적일, 선적 後 7일 이내
발급 기관	대한민국	상공회의소 또는 세관
	중국	해관총서 또는 중국국제무역촉진위원회

3. 원산지증명서 발급 신청 시 구비서류

1. 수출신고필증
2. Invoice 및 Packing List
3. 원산지소명서
4. 원산지확인서
5. 원산지소명서를 입증할 수 있는 서류 · 정보
    1) 세번변경기준을 적용하는 물품은 세번변경 관련 입증서류
       (예: 원료구입명세서, 자재명세서(BOM) 등)
    2) 부가가치기준을 적용하는 물품은 비원산지재료, 원산지재료 및 수출물품
       의 가격관련 입증서류
       (예: 자재명세서(BOM), 원료구입명세서, 원료수불부, 원가산출내역서 등)
6. 기타(필요시 국내제조확인서 등)

4. 제반 사항(수출의 경우)

1) 상공회의소 무역인증서비스센터 회원가입 및 신청자 서명
   등록(상공회의소 신청시)

   (http://cert.korcham.net/base/index.htm)

2) 인증서 준비 등

▍관련 법령

자유무역협정의 이행을 위한 관세법의 특례에 관한 법률·시행
령·시행규칙

자유무역협정의 이행을 위한 관세법의 특례에 관한 법률 사무
처리에 관한 고시

관세청 Yes FTA 웹사이트 등

특정 수입 물품의 원산지 표시 관련 내용 정리

▋ 질의 요지

귀사에서 특정 수입 물품의 원산지 표시 관련 검토를 의뢰하였습니다. 당사에서는 귀사에서 제공한 정보만을 가지고 검토하였습니다.

▋ 검토 의견

1. 특정 수입 물품의 HS번호 정리(HS번호 귀사 제공)

HS번호			용어
6802			가공한 석비용·건축용 석재[슬레이트(slate)는 제외한 다]와 이들의 제품(제6801호의 물품은 제외한다), 모자이크 큐브와 이와 유사한 것[천연 석재의 것으로서 슬레이트(slate) 제품을 포함하며, 뒷면을 보강한 것인지에 상관없다], 인공적으로 착색한 천연 석재[슬레이트 (slate)를 포함한다]의 알갱이·조각·가루
	91		대리석·트래버틴(travertine)·설화석고(alabaster)
		1000	**대리석**

2. 원산지 표시 관련 규정(필요 부분만 발췌)

CASE	근거 규정
해당 물품에 원산지 표시	대외무역관리규정 제75조 제1항
최소포장, 용기 등에 원산지 표시	대외무역관리규정 제75조 제2항
원산지 표시 면제	대외무역관리규정 82조 제1항 원산지제도 운영에 관한 고시 제9조 제1항

1) 수입 물품의 원산지표시대상물품

대외무역관리규정 제75조(수입 물품의 원산지표시대상물품 등)

① 영 제55조 제1항에 따른 원산지표시대상물품은 별표 8에 게기된 수입 물품이며 원산지표시대상물품은 해당 물품에 원산지를 표시하여야 한다.

대외무역법 시행령 제55조(원산지표시대상물품 지정 등)
①산업통상자원부장관은 법 제33조제1항에 따라 원산지를 표시하여야 할

물품(이하 "원산지표시대상물품"이라 한다)을 공고하려면 해당 물품을 관장
하는 관계 행정기관의 장과 미리 협의하여야 한다.

대외무역관리규정(별표 8) 원산지표시대상물품

68류	6801, **6802**, 6804, 6806, 6809, 6810, 6815

※ 수입 물품의 원산지표시대상물품은 위와 같이 대외무역관리규정(별표 8)에 나열·
규정되어 있습니다. 귀사의 특정 수입 물품의 HS번호 '6802'은 해당 물품에 원산
지를 표시하여야 합니다.

2) 물품에 원산지를 표시하지 않고 그 최소포장, 용기 등에 원 산지를 표시할 수 있는 경우

대외무역관리규정 제75조(수입 물품의 원산지표시대상물품 등)

② 제1항에도 불구하고 원산지표시대상물품이 다음 각 호의 어느 하나에 해
당되는 경우에는 영 제56조 제2항에 따라 해당 물품에 원산지를 표시하
지 않고 해당 물품의 최소포장, 용기 등에 수입 물품의 원산지를 표시할
수 있다.
1. 해당 물품에 원산지를 표시하는 것이 불가능한 경우
2. 원산지 표시로 인하여 해당 물품이 크게 훼손되는 경우(예: 당구 공,
콘택트렌즈, 포장하지 않은 집적회로 등)

3. 원산지 표시로 인하여 해당 물품의 가치가 실질적으로 저하되는 경우

4. 원산지 표시의 비용이 해당 물품의 수입을 막을 정도로 과도한 경우 (예: 물품값보다 표시비용이 더 많이 드는 경우 등)

5. 상거래 관행상 최종구매자에게 포장, 용기에 봉인되어 판매되는 물품 또는 봉인되지는 않았으나 포장, 용기를 뜯지 않고 판매되는 물품(예: 비누, 칫솔, VIDEO TAPE 등)

6. 실질적 변형을 일으키는 제조공정에 투입되는 부품 및 원재료를 수입 후 실수요자에게 직접 공급하는 경우

7. 물품의 외관상 원산지의 오인 가능성이 적은 경우(예: 두리안, 오렌지, 바나나와 같은 과일·채소 등)

8. 관세청장이 산업통상자원부장관과 협의하여 타당하다고 인정하는 물품

3) 수입 물품 원산지 표시의 면제

① 제75조에 따라 물품 또는 포장·용기에 원산지를 표시하여야 하는 수입 물품이 다음 각 호의 어느 하나에 해당되는 경우에는 원산지를 표시하지 아니할 수 있다.

1. 영 제2조제6호 및 제7호에 의한 외화획득용 원료 및 시설기재로 수입 되는 물품

2. 개인에게 무상 송부된 탁송품, 별송품 또는 여행자 휴대품

3. 수입 후 실질적 변형을 일으키는 제조공정에 투입되는 부품 및 원재료 로서 실수요자가 직접 수입하는 경우(실수요자를 위하여 수입을 대행

하는 경우를 포함한다)

4. 판매 또는 임대목적에 제공되지 않는 물품으로서 실수요자가 직접 수입하는 경우. 다만, 제조에 사용할 목적으로 수입되는 제조용 시설 및 기자재(부분품 및 예비용 부품을 포함한다)는 수입을 대행하는 경우 인정할 수 있다.

5. 연구개발용품으로서 실수요자가 수입하는 경우(실수요자를 위하여 수입을 대행하는 경우를 포함한다)

6. 견본품(진열·판매용이 아닌 것에 한함) 및 수입된 물품의 하자보수용 물품

7. 보세운송, 환적 등에 의하여 우리나라를 단순히 경유하는 통과 화물

8. 재수출조건부 면세 대상 물품 등 일시 수입 물품

9. 우리나라에서 수출된 후 재수입되는 물품

10. 외교관 면세 대상 물품

11. 개인이 자가소비용으로 수입하는 물품으로서 세관장이 타당하다고 인정하는 물품

12. 그 밖에 관세청장이 산업통상자원부장관과 협의하여 타당하다고 인정하는 물품

① 세관장은 「대외무역관리규정」제82조에 따른 원산지표시면제대상 이외에 다음 각 호의 어느 하나에 해당하는 물품에 대하여 원산지표시를 면제할 수 있다.

1. 판매목적이 아닌 자선목적의 기부물품

2. 우리나라로 수입되기 20년 이전에 생산된 물품

3. 보세구역에서 국내로 반입되지 않고 외국으로 반송(중계무역 및 환적 포함)되는 물품

4. 개인이 자가소비용으로 수입하는 물품으로서 세관장이 타당하다고 인정하는 물품

5. 수입자의 상호·상표 등이 인쇄되어 전시용으로만 사용하는 물품

6. 기계류 등의 본 제품과 같이 세트로 포장되어 수입되는 부분품·부속품 및 공구류

② 「대외무역관리규정」 제82조제1항제3호부터 제5호까지에 해당하는 실수요자를 위하여 수입을 대행하는 경우란 수입자 자신의 비용으로 해당물품을 수입하여 실수요자에게 직접 납품하는 등 세관장이 인정하는 경우를 말한다. 이 경우 수입자는 납품계약서 등 증빙서류를 제출하여야 하며 세관장은 사실여부를 확인한 후 수입신고 수리하여야 한다.

※ 귀사와의 수입물품(HS번호 '6802.91-1000') 관련 원산지 표시의 면제 규정 중에서 대외무역관리규정 제82조(수입 물품 원산지 표시의 면제) 제1항 제3호 "수입 후 실질적 변형을 일으키는 제조공정에 투입되는 부품 및 원재료로서 실수요자가 직접 수입하는 경우(실수요자를 위하여 수입을 대행하는 경우를 포함한다)" 이 부분이 가장 유사할 것으로 판단되나 "실질적 변형"의 의미를 살펴볼 필요가 있습니다. 즉 수입 후 HS 6단위가 변경되지 않는 경우 다음의 "실질적 변형" 정의에 해당하지 아니한다고 판단됩니다.

참고로 원산지표시 면제 대상물품의 경우 실수요자가 직접 수
입하지 아니하고 수입을 대행하는 경우에도 원산지제도 운영에
관한 고시 제9조(원산지표시 면제) 제2항에 의거하여 세관장은
사실여부를 확인한 후 수입신고 수리합니다.

3. 대외무역법 시행령 별표2(위반행위의 종류와 과징금의 금액)

→ 별도 첨부파일 참고바랍니다.

4. 결론

1) 귀사의 특정 수입 물품(HS번호 '6802.91-1000')의 경우 해당
물품에 원산지 표시를 하여야 하는 물품(또는 최소포장 등
에 표기)이며, 원산지 표시 면제 관련 규정을 검토하였으나
면제 대상은 아닌 것으로 판단됩니다.

2) '대외무역법·시행령·대외무역관리규정 및 원산지제도 운영
에 관한 고시'에 의하여 원산지 관련 조항은 표시, 면제, 예외

적인 사항 등 복잡하고 다양하기에 사안별로 체크가 필요합니다.

▌ 관련 법령

대외무역법·시행령

대외무역관리규정

원산지 제도 운영에 관한 고시

통일상품명 및 부호체계에 관한 국제협약과 그 부속서 등

외국산 서예용 붓모와 국내산 나무대
결합·가공의 경우 서예붓의 원산지 검토

▌ 질의 요지

귀사에서 수입 예정인 외국산 서예용 붓모와 국내산 나무대 결합·가공의 경우 서예붓의 원산지 검토를 의뢰하였습니다. 당사에서는 귀사에서 제공한 정보만을 가지고 검토하였습니다. 본 의견서에는 원산지 판정 부분만을 언급하며 원산지 표시 부분은 언급하지 않습니다.

▌검토 의견

1. 의뢰한 물품의 예상 HS번호 정리

HS번호		용어
9603		비·브러시(기계·기구·차량 등의 부분품을 구성하는 브러시를 포함한다)·모터를 갖추지 않은 기계식 바닥 청소기(수동식으로 한정한다)·모프(mop)·깃 먼지털이, 비나 브러시의 제조용으로 묶었거나 술(tuft)의 모양으로 정돈한 물품, 페인트용 패드·롤러·스퀴지(squeegee)[롤러스퀴지(roller squeegee)는 제외한다]
	30 0000	회화용 붓·필기용 붓과 이와 유사한 화장용 붓

2. 외국산 붓모와 국내산 나무대 결합·가공 후 완성품 서예붓을 수출할 경우의 시나리오

구분	시나리오	검토 법령 등
1	수출 상대국이 FTA 체약국이 아닐 경우	대외무역법, 원산지제도 운영에 관한 고시 등
2	수출 상대국이 FTA 체약국일 경우	각 FTA 협정문, 지침 등

※ 수출 상대국이 FTA 체약국 여부에 따라 원산지 판정 규정이 달라지기에 위와 같이 시나리오를 구분합니다.

3. 수출 상대국이 FTA 체약국이 아닐 경우 대외무역법 등 원산지 관련 검토

1) 대외무역관리규정 제86조(수입원료를 사용한 국내생산물품 등의 원산지판정기준) 제2항에 의거하여 다음에 해당하는 경우 우리나라를 원산지로 하는 물품으로 봅니다.

---

1. 우리나라에서 제조·가공과정을 통해 수입원료의 세번과 상이한 세번(HS 6단위 기준)의 물품을 생산하거나 세번 HS 4단위에 해당하는 물품의 세번이 HS 6단위에서 전혀 분류되지 아니한 물품으로, 해당 물품의 총 제조원가 중 수입원료의 수입가격(CIF가격 기준)을 공제한 금액이 총 제조원가의 51퍼센트 이상인 경우
2. 우리나라에서 제85조제8항의 단순한 가공활동이 아닌 제조·가공과정을 통해 제1호의 세번 변경이 안된 물품을 최종적으로 생산하고, 해당 물품의 총 제조원가 중 수입원료의 수입가격(CIF가격 기준)을 공제한 금액이 총 제조원가의 85퍼센트 이상인 경우

※ 수입원료의 세번, 즉 서예용 붓모의 세번(서예용 붓모의 정확한 HS번호 결정을 위하여 재질 등의 정보가 필요함)과 완성품 서예붓의 세번이 상이할 것으로 예상되나,

2) 대외무역관리규정 제85조(수입물품의 원산지판정기준) 제8항 제8호(첨부2)에 의거하여 단순한 가공활동을 수행하는 국가에는 원산지를 부여하지 아니합니다. 대외무역법 시행령 제55조(원산지표시대상 물품 가공 등) 제2항에 의거하여 '단

순한 가공활동'이란 판매목적의 물품포장 활동, 상품성 유지를 위한 단순한 작업 활동 등 물품의 본질적 특성을 부여하기에 부족한 가공활동을 말합니다. 즉 귀사에서 수입 예정인 외국산 서예용 붓모와 국내산 나무대 결합·가공의 경우 그 결합·가공이 단순한 가공활동으로 볼 수 있는지가 판단되어야 합니다. 구체적인 제조공정도 정보가 요구됩니다.

※ 만약 단순한 가공활동이 아닐 경우 위 1)의 제조원가 계산을 위하여 총 제조원가 및 수입원료의 수입가격 정보가 요구됩니다.

3) 또한 대외무역관리규정 제85조(수입물품의 원산지 판정 기준) 제3항(다음 표)에 의거하여 '세번이 변경되지 아니하는 경우에는 관계기관의 의견을 들은 후 해당 물품 생산에서 발생한 부가가치와 주요 공정 등 종합적인 특성을 감안하여 실질적 변형에 대한 기준을 제시할 수 있다.' 이 부분을 고려해 볼 수 있습니다. 수입원료의 세번, 즉 서예용 붓모의 세번과 완성품 서예붓의 세번이 상이할 것으로 예상되며 귀사에서 결합·가공의 행위 당사자가 인간문화재 지정인이라 말씀하셨습니다. 이 부분이 인간 문화재 당사자만이 보유한 또는 할 수 있는 노하우 등이 결합된 결합·가공일 경우 물품 생산에서 발생한 부가가치와 주요 공정 등 종합적인 특

성을 감안하여 실질적 변형에 대한 기준을 제시할 수 있다고 판단됩니다.

산업통상자원부장관은 관세율표상에 해당 물품과 그 원재료의 세번이 구분되어 있지 아니함으로 인하여 제조·가공 과정을 통하여 그 물품의 본질적 특성을 부여하는 활동을 가하더라도 세번(HS 6단위 기준)이 변경되지 아니하는 경우에는 관계기관의 의견을 들은 후 해당 물품 생산에서 발생한 부가가치와 주요 공정 등 종합적인 특성을 감안하여 실질적 변형에 대한 기준을 제시할 수 있다.

4) 위 3)의 판단에 의하여 원산지제도 운영에 관한 고시 제22조(원산지 판정)에 의거하여 원산지 판정 신청을 권유합니다. 수출입물품의원산지 판정을 받으려는 자는 관세청장에게 원산지를 판정하여 줄 것을 신청할 수 있는 제도입니다. 본 제도에 대하여 세부 사항이 필요한 경우 별도 문의바랍니다.

4. 수출 상대국이 FTA 체약국일 경우 FTA 협정문 등 원산지 관련 검토

1) 자유무역협정(FTA)은 협정을 체결한 국가 간에 상품/서비스 교역에 대한 관세 및 무역장벽을 철폐함으로써 배타적인 무역특혜를 서로 부여하는 협정으로 상품에 대하여는 각 협

정에서 정한 원산지결정기준을 충족하여야 FTA 혜택을 받을 수 있습니다.

2) 귀사에서 수입 예정인 외국산 서예용 붓모와 국내산 나무대 결합가공 후 FTA 체약국으로 수출할 경우 주요 FTA의 서예붓 원산지결정기준은 다음의 표와 같습니다.

주요 FTA	원산지 결정기준
한-EU	모든 호(그 제품의 호는 제외한다)에 해당하는 재료로부터 생산된 것
한-미	다른 류에 해당하는 재료로부터 생산된 것
한-중	다음의 어느 하나에 해당하는 것에 한정한다. 1. 다른 호에 해당하는 재료로부터 생산된 것 2. 40% 이상의 역내부가가치가 발생한 것

※ 수입원료의 세번, 즉 서예용 붓모의 세번과 완성품 서예붓의 세번이 상이할 것으로 예상되나 서예용 붓모의 정확한 HS번호 결정을 하여 재질 등의 정보가 필요합니다. 또한 부가가치기준 적용을 위해서 원가 정보가 필요합니다.

3) 불인정공정(Non Qualifying Operation) 기준은 단순·경미한 공정을 거쳐서 생산된 물품의 경우에는 FTA 협정 품목별 원산지규정에 정하는 원산지결정기준을 충족시킨 경우에도 원산지를 인정하지 않는 제도를 말합니다. 주요 FTA의 불인정공정 기준은 다음의 표와 같습니다.

주요 FTA	불인정공정 기준 Sample
한-EU	한-EU FTA '원산지제품'의 정의 및 행정협력의 방법에 관한 의정서 제6조(불충분한 작업 또는 가공) 中 완전한 물품을 구성하는 부품의 단순한 조립 또는 제품의 부품으로의 분해
한-미	기준 부재
한-중	한-중 FTA 원산지 규정 및 원산지 이행 절차 제3.7조(최소 공정 또는 가공) 中 다른 종류인지 여부에 관계없이 제품의 단순한 혼합

※ 즉 귀사에서 수입 예정인 외국산 서예용 붓모와 국내산 나무대 결합·가공의 경우 그 결합·가공이 불인정공정 기준으로 볼 수 있는지가 판단되어야 합니다. 구체적인 제조공정도 정보가 요구됩니다.

▌관련 법령

대외무역법·시행령

대외무역관리규정

원산지제도 운영에 관한 고시

한-EU / 한-미 / 한-중 FTA 협정문

한국무역협회 홈페이지 웹사이트 등

병행수입가능 품목 확인절차 관련 정리

▌질의 요지

귀사에서 병행수입가능 품목 확인절차와 관련하여 문의하였습니다. 당사에서는 귀사에서 제공한 정보만을 가지고 검토하였습니다.

▌검토 의견

1. 세관에 상표권 신고를 한 경우

1) 다음의 표는 병행수입가능 품목 확인절차 순서입니다.

구분	내용
1	검색창에 '관세청' 입력 이동 (URL: http://www.customs.go.kr)
2	상단 메뉴 중 '패밀리사이트' 클릭
3	UNI-PASS 전자통관 〉 상표권 세관신고 정보
4	검색 구분 선택 後에 'Key 값' 입력 후 조회
5	검색 완료

2) 해당 화면

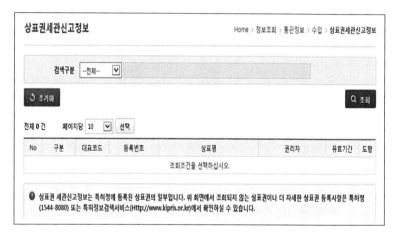

2. 세관에 상표권신고를 하지 않은 경우

→ 개별적으로 병행수입 요건 충족여부를 확인하여야 합니다.

지식재산권 보호를 위한 수출입통관 사무처리에 관한 고시

제5조(상표권 침해로 보지 아니하는 경우)

① 해당 상표에 대한 권리가 없는 자가 해당 상표를 적법하게 사용할 권리를 가진 자에 의해서 생산된 물품을 수입하는 경우로서 다음 각 호의 어느 하나에 해당하는 때에는 상표권을 침해한 것으로 보지 않는다.

1. 국내외 상표권자(국내 상표권자가 전용사용권을 설정한 경우에는 전용사용권자를 말한다. 이하 이 조에서 같다)가 동일인이거나 계열회사 관계(주식의 30%이상을 소유하면서 최다 출자자인 경우), 수입대리점 관계 등 동일인으로 볼 수 있는 관계가 있는 경우(이하 "동일인 관계"라 한다)

2. 국내외 상표권자가 동일인 관계가 아니면서 국내 상표권자가 외국에서 생산된 진정상품(외국 상표권자의 허락을 받아 생산된 진정상품을 포함한다. 이하 같다)을 수입하거나 판매하는 경우

3. 국내 상표권자가 수출한 물품을 국내로 다시 수입하는 경우

4. 외국 상표권자의 요청에 따라 주문제작하기 위하여 견본품을 수입하면서 그에 관한 입증자료를 제출하는 경우

5. 상표권자가 처분제한 없는 조건으로 양도담보 제공한 물품을 해당 상표에 대한 권리 없는 자가 수입(법 제240조에 따라 수입이 의제되는 경우를 포함한다. 이하 같다)하는 경우

② 제1항에도 불구하고 국내외 상표권자가 동일인이 아니면서 국내 상표권자가 해당 상표가 부착된 지정상품을 다음 각 호의 어느 하나와 같이 제조만 하는 때에는 상표권을 침해한 것으로 본다.

1. 전량 국내에서 제조하는 경우(국내 주문자상표부착방식 제조 포함)

2. 해외에서 주문자상표부착방식으로 제조하여 수입하는 경우. 다만, 주문자상표부착방식으로 제조하는 외국 제조자가 국외 상표권자로부터 해당 상표의 사용허락을 받은 경우에는 그러하지 아니하다.

3. 국내 상표권자가 해당 상표가 부착된 부분품을 수입하여 조립하거나 일부 가공한 뒤 수입된 부분품과 HS 6단위 세번이 다른 완제품을 생산하는 경우

③ 국내 상표권자가 해당 상표가 부착된 지정상품을 수입하다가 수입을 중단하고 제조만 하는 경우에는 다음 각 호의 어느 하나에 해당하는 때부터 제2항에 따라 침해로 본다.

1. 과거에는 수입만 하였으나 수입을 중단하고 제조만 하는 경우에는 제조시설을 갖추어 제조를 시작한 사실을 제10조제1항의 위탁기관의 장에게 신고한 때

2. 과거에는 수입과 제조를 병행하였으나 수입을 중단하고 제조만 하는 경우에는 수입을 중단한 사실을 제10조제1항의 위탁기관의 장에게 신고한 때

④ 국내 상표권자가 통상사용권자 등 해당 상표사용 계약을 한 자가 수입하는 진정상품의 수입을 허락하거나 동의하여 수입자가 별지 제1호서식의 상표사용 허락사항 신고서 또는 별지 제2호서식의 수입통관동의서를 세관장에게 제출한 때에는 상표권을 침해하지 아니한 것으로 본다. 이 경우 허락 또는 동의 이후 상표권리가 없는 자가 수입하는 동일 지정상품에 대하여 허락 또는 동의의 효력이 미친다.

▌ 관련 법령

지식재산권 보호를 위한 수출입통관 사무처리에 관한 고시

관세청 웹사이트 등

수출신고필증의 진위여부 확인 및 수출신고서 작성요령 관련 검토

질의 요지

귀사에서 타 수출업체의 제3자 관세사 진행한 수출신고필증의 진위여부 확인 및 수출신고서 작성上 일부 항목에 대하여 검토를 의뢰하였습니다. 당사에서는 귀사에서 제공한 정보만을 가지고 검토하였습니다.

▌검토 의견

1. 타 수출업체의 제3자 관세사 진행한 수출신고필증의 진위여부 확인

1) 수출신고필증의 진위 여부는 관세청 인터넷통관포털에 조회하여 확인 가능합니다(http://portal.customs.go.kr).

2) 수출신고필증의 진위 여부 조회를 위해서는 다음의 6가지 항목 정보가 모두 필요합니다.

발행번호	신고번호	수출화주 사업자등록번호
원산지국가코드	품명	순중량

※ 보내주신 수출신고필증上에는 '수출화주 사업자등록번호'가 확인 불가능합니다.

2. 수출신고서 작성 요령 관련

> **(질의 요지)**
> 모델/규격란에 "MAGIC ○○○○○○" 이라고 기재되어 있으나, "MAGIC ○○ ○○○○"은 타사의 제품이고, 저희 회사 제품은 "MAGIC ○○○○ ○○○○○ ○"인데, 품명을 실제 제품과 일치시키지 않아도 무방한지 여부

1) 수출통관 사무처리에 관한 고시 별표(수출신고서 작성요령) 中(필요 부분만 발췌)

(2) 품명·규격 기재에 관한 사항

가. 용어의 정의

- "품명·규격"이라 함은 품명, 거래품명, 상표명, 모델·규격, 성분 등 수출신고서상의 5개 항목을 총칭하여 말한다.
- "품명"이라 함은 당해 물품을 나타내는 관세율표상의 품명을 말한다. 다만 관세율표상에 당해 물품을 나타내는 품명이 없는 경우에는 이를 나타낼 수 있는 일반적인 상품명을 말한다.
- "거래품명"이라 함은 실제 상거래 시 송품장 등 무역서류에 기재되는 품명을 말한다.
- "상표명"이라 함은 상품을 생산, 가공 또는 판매하는 것을 업으로 영위하는 자가 자기의 업무에 관련된 상품을 타인의 상품과 식별되도록 하기 위하여 사용하는 기호·문자·도형 또는 이들을 결합한 것과 기호·문자·도형에 색채를 결합한 것을 지칭하는 이름을 말한다.
- "모델"이라 함은 생산방식·방법·타입 등으로서 관세법 별표 관세율표(이하 "관세율표"라 한다)상의 품목분류·관세법 제226조의 규정에 의한 세관장 확인물품 등의 심사에 영향을 미치는 사항을 말한다.
- "규격"이라 함은 재질·가공상태·용도·조립여부·사이즈·정격전압·처리능력·생산년도 등으로서 관세율표상의 품목분류·관세법 제226조의 규정에 의한 세관장 확인물품·환급 등의 심사에 영향을 미치는 사항을 말한다.
- "성분"이라 함은 당해 물품 구성성분의 종류 및 그 함량을 나타내는 것으로 관세율표상의 품목분류·관세법 제226조의 규정에 의한 세관장확인물품·환급 등의 심사에 영향을 미치는 사항을 말한다.

나. 품명·규격의 표기 원칙

- 품명·규격의 표기는 선량한 신고인의 의무로서 다음 사항을 구체적으로 성실하게 기재하여야 한다.
  - 품목분류(HS10단위)에 필요한 사항
  - 관세법 제226조의 규정에 의한 세관장확인에 필요한 사항
  - 환급심사에 필요한 사항

- 수출하고자 하는 물품을 정확히 나타내기 위하여 필요한 사항
- 품명·규격은 영어와 아라비아 숫자로 표기하여야 하며, 영어가 아닌 경우에는 영어로 번역하여 기재하여야 한다.
- 품명·규격의 표기는 수출신고서상의 양식순서에 따라 표기한다.
- 다수의 품목을 신고하는 경우로서 품목번호, 품명 또는 상표명이 다르면 각각 란을 달리하여 기재하여야 한다. 다만, 동일한 품목번호로 분류되는 부분품, 부속품 등은 대표되는 품명을 기재하고 그 외 물품의 품명·규격은 모델·규격 및 성분 항목에 차례대로 기재한다.
- 품명·규격을 기재함에 있어 원·부자재의 단위실량(Raw Material) 등 환급 심사에 필요한 사항을 기재하고자 하는 경우에는 "규격" 항목에 이를 기재하되, 그 앞에 〈RM〉이라고 표기한 후 기재한다.
- 관세청장이 정하는 품명·용도 표준화 코드에 따라 기재하여야 한다.

2) 위 1) 수출통관 사무처리에 관한 고시에 의거하여 '품명'과 '거래품명'은 구분되어지나 실무에서는 화주 업체의 요구, 관세사의 입력 스타일 등 여러 가지에 의거하여 그 구분이 명확하다고만은 할 수 없습니다.

4단위	6단위	10단위	용어
3304			미용이나 메이크업용 제품류와 기초화장용 제품류[의약품은 제외하며, 선스크린(sunscreen)과 선탠(sun tan) 제품류를 포함한다], 매니큐어용 제품류와 페디큐어(pedicure)용 제품류
	99		기타(Other)
		1000	기초화장용 제품류(Skin care cosmetics)
		2000	메이크업용 제품류(Make-up cosmetics)
		3000	어린이용 제품류(Baby cosmetics)

4단위	6단위	10단위	용어
		9000	기타(Other)

※ 귀사에서 보내주신 수출신고필증의 HS 번호는 '3304.99-9000'이나 품명은 '기초 화장용 제품류'로 기재되어 있습니다. 'Other'가 관세율표上의 품명이라고 할 수 있 습니다.

실무에서는 'Other'를 쓰는 경우도 있고 'Other'의 의미가 불명 확하므로 거래품명과 일치하여 쓰는 경우도 있습니다.

3) 관세법 제276조(허위신고죄 등) 검토

② 다음 각 호의 어느 하나에 해당하는 자는 물품원가 또는 2천만 원 중 높은 금액 이하의 벌금에 처한다.
　4. **제241조제1항**·제2항 또는 제244조제1항에 따른 신고를 할 때 제241 조제1항에 따른 사항을 신고하지 아니하거나 허위신고를 한 자

관세법 제241조(수출·수입 또는 반송의 신고)

① 물품을 수출·수입 또는 반송하려면 해당 물품의 품명·규격·수량 및 가격 과 그 밖에 대통령령으로 정하는 사항을 세관장에게 신고하여야 한다.

관세법 시행령 제246조(수출·수입 또는 반송의 신고)

① 법 제241조제1항에서 "대통령령으로 정하는 사항"이란 다음 각 호의

사항을 말한다.

1. 포장의 종류·번호 및 개수
2. 목적지·원산지 및 선적지
3. 원산지표시 대상물품인 경우에는 표시유무·방법 및 형태
4. 상표
5. 납세의무자 또는 화주의 상호(개인의 경우 성명을 말한다)·사업자
   등록번호·통관고유부호와 해외공급자부호 또는 해외구매자부호
6. 물품의 장치장소
7. 그 밖에 기획재정부령으로 정하는 참고사항

관세법 시행규칙 제77조의6(수출·수입 또는 반송의 신고)

① 영 제246조제1항제7호에서 "기획재정부령으로 정하는 참고사항"이
   란 다음 각 호를 말한다.

1. 물품의 **모델** 및 중량
2. 품목분류표의 품목 번호
3. 법 제226조에 따른 허가·승인·표시 또는 그 밖의 조건을 갖춘 것
   임을 증명하기 위하여 발급된 서류의 명칭

※ 모델·규격 부분에 실제 모델인 'MAGIC ○○○○ ○○○○○○'이 아닌 'MAGIC
○○○○○○'을 기재한 것은 수출자와 수입자 間의 계약에 근거한 물품을 구분질
수 있는 모델을 기재한 것으로 보입니다. 관세사 사무소에서는 Invoice를 근거로
수출신고서를 작성하며 관세사 사무소 담당자의 실수로 '○○○○' 문구 누락이 될
수 있습니다.

※ 수출통관 사무처리에 관한 고시에서 규정한 '관세율표상의 품목분류·관세법 제
226조의 규정에 의한 세관장 확인물품·환급 등의 심사에 영향을 미치는 사항을

말한다.' 이 부분도 'MAGIC ○○○○○○'이 'MAGIC ○○○○ ○○○○○○'으로 뒤의 숫자에 의거하여 구분되어질 수 있다고 판단합니다. 타 업체는 'MAGIC ○○ ○○ ○○○○○○'을 'MAGIC ○○○○○○'으로 본 것입니다.

※ 그러나 실제 물품의 모델이 "MAGIC ○○○○ ○○○○○○"이나 이를 타 업체에서 'MAGIC ○○○○○○'으로 신고한 <u>前後</u> 상황을 파악할 필요가 있습니다. 예를 들어 수입 국가의 통관 시 상표권 등의 위반을 회피하기 위함일 수 있습니다.

※ 허위신고죄는 결과범(結果犯)과 달리 형식범(形式犯)에 해당하여 범죄구성 요건의 내용이 결과의 발생을 요하지 않고 법에 규정된 행위를 함으로써 충족하는 범죄입니다.

-출처: 『관세법 해설』, 이종익·최천식·박병목 저

※ 즉 <u>前後</u> 상황을 파악한 후 접근할 필요성이 있습니다.

▌ 관련 법령

관세법·시행령·시행규칙

수출통관 사무처리에 관한 고시

관세청 인터넷통관포털(http://portal.customs.go.kr) 웹사이트 등

위탁판매수출의 경우 수출신고서상 주요 항목 등

▌ 질의 요지

지난 2019. 08. 01(목) 귀사 2층에서 동행 관세사무소와 함께 '위탁판매수출의 경우 수출신고서상 주요 항목 등'에 대하여 미팅이 이루어졌습니다. 관련하여 정리합니다. 당사에서는 귀사에서 제공한 정보만을 가지고 검토하였습니다.

▌ 검토 의견

1. 위탁판매수출

1) 귀사에서 외국으로 위탁판매수출을 계획하고 있습니다.

> 대외무역관리규정 제2조(정의) 이 규정에서 사용하는 용어의 뜻은 다음과 같다.
> 　4. "위탁판매수출"이란 물품 등을 무환으로 수출하여 해당 물품이 판매된 범
> 　　위 안에서 대금을 결제하는 계약에 의한 수출을 말한다.

2) 수출신고서상 주요항목

구분	내용
결제방법 부호	GO / 기타 유상(위탁판매포함)
수출관리 부호	31 / 위탁판매를 위한 물품의 수출

3) 실적 인정범위 및 인정금액

실적 인정범위	실적 인정금액
수출 중 유상으로 거래되는 수출	수출통관액(FOB가격 기준)
대외무역관리규정 제25조	대외무역관리규정 제26조

※ 귀사의 경우 위탁판매수출로 인한 최초 수출신고 금액과 추후 판매된 부분에 대한
　외환입금 금액이 상이할 수 있으므로 외환입금증명서를 구비하여 소명하여야 합
　니다. 수출신고필증상의 수출신고금액 정정은 필요 없습니다.

※ 수출입실적증명의 대한민국 관련 기관은 '한국무역협회'입니다. 한국무역협회의 담
　당자인 ○○○ 선생님 확인 결과 위 기술된 내용과 일치함을 확인하였습니다.

(☎ 한국무역협회 회원지원실: 1566-5114)

4) 귀사의 위탁판매수출과 유사한 사업모델을 가지고 있는 K
사의 K과장에게 업무 문의한 바로는 위탁판매수출 물량 중
미판매 물량은 Ship back 또는 해외에서 땡처리 판매로 재
고 소진 확인하였습니다.

▌관련 법령

대외무역법·시행령

대외무역관리규정

수출통관 사무처리에 관한 고시

관세청 고객지원센터(125) ○○○ 반장님

한국무역협회 웹사이트

한국무역협회 유선상담 ○○○ 선생님 등

선박의 수입통관 관련 문의

▌질의 요지

귀사에서 선박의 수입통관 관련 문의를 하였습니다. 당사에서는 귀사에서 제공한 정보만을 가지고 검토하였습니다.

▌검토 의견

1. 거래 관계

구 분	내용
1	해저 케이블 매설을 위하여 선박을 대한민국으로 수입
2	공사 완료 後 선박을 다시 수출

2. 관련 용어 정의(필요 부분만 발췌)

> **관세법 제2조(정의)** 이 법에서 사용하는 용어의 뜻은 다음과 같다.
>
> 6. "외국무역선"이란 무역을 위하여 우리나라와 외국 간을 운항하는 선박을 말한다.
> 8. "내항선(內航船)"이란 국내에서만 운항하는 선박을 말한다.
>
> **관세법 제144조(외국무역선의 내항선으로의 전환 등)**
>
> 외국무역선 또는 외국무역기를 내항선 또는 내항기로 전환하거나, 내항선 또는 내항기를 외국무역선 또는 외국무역기로 전환하려면 선장이나 기장은 세관장의 승인을 받아야 한다.

3. 선박 수입신고 절차(flow)

구 분	내용
1	입항 前
2	**보세구역 외 장치의 허가** **관세법 제156조(보세구역 외 장치의 허가)** ① 제155조제1항제2호에 해당하는 물품을 보세구역이 아닌 장소에 장치하려는 자는 세관장의 허가를 받아야 한다. **관세법 제155조(물품의 장치)** ① 외국물품과 제221조제1항에 따른 내국운송의 신고를 하려는 내국물품은 보세구역이 아닌 장소에 장치할 수 없다. 다만, 다음 각 호의 어느 하나에 해당하는 물품은 그러하지 아니하다. 2. **크기 또는 무게의 과다나 그 밖의 사유로 보세구역에 장치하기 곤란하거나 부적당한 물품**
3	적하목록 제출 및 하선신고 및 반입

구 분	내용
4	수입신고
5	수입신고수리(국내-국내 間 내국선으로 취급)
6	공사 진행
7	공사 완료

1) 수입신고 관련

구 분	내용
수입신고 대상	**선박 자체 및 적재 유류**
수입신고 시기	대한민국 입항한 때
HS 번호 및 관세율	아래 참조
필요 서류	사업자등록증, B/L, Invoice, Packing List, 선박국적증서, 선박통신장비리스트, Inventory List, 잔존 유류 Report, 기타 증명서 등

4. 당해 선박의 예상 HS번호 및 관세율

HS번호			용어
8905			조명선·소방선·준설선·기중기선과 주로 항해 외의 특수기능을 가지는 그 밖의 특수선박, 부선거(艀船渠), 물에 뜨거나 잠길 수 있는 시추대나 작업대
	90		기타(준설선 그리고 시추대나 작업대 제외)
		9000	기타

→ 잔존 유류 HS번호 위와 별도(잔존 유류가 무엇인지 정보 없음)

5. 부가가치세 관련(필요 부분만 발췌)

조세특례제한법 제106조(부가가치세의 면제 등)

② 다음 각 호의 어느 하나에 해당하는 재화의 수입에 대해서는 부가가치세를 면제한다.

3. 과세사업에 사용하기 위한 선박(제3자에게 판매하기 위하여 선박을 수입하는 경우는 제외한다)

▌관련 법령

관세법·시행령·시행규칙

수입물품 과세가격 결정에 관한 고시

통일상품명 및 부호체계에 관한 국제협약과 그 부속서 등

장치물품의 폐기 관련 규정

▋ 질의 요지

귀사에서 장치물품의 폐기와 관련하여 문의하였습니다. 당사에서는 귀사에서 제공한 정보만을 가지고 검토하였습니다.

▋ 검토 의견

1. 관련 규정(필요부분만 발췌)

관세법 제160조(장치물품의 폐기)

① 부패·손상되거나 <u>그 밖의 사유로</u> 보세구역에 장치된 물품을 폐기하려는

자는 세관장의 승인을 받아야 한다.

④ 세관장은 제1항에도 불구하고 보세구역에 장치된 물품 중 다음 각 호의 어느 하나에 해당하는 것은 화주, 반입자, 화주 또는 반입자의 위임을 받은 자나 「국세기본법」 제38조부터 제41조까지의 규정에 따른 제2차 납세의무자(이하 "화주 등"이라 한다)에게 이를 반송 또는 폐기할 것을 명하거나 화주 등에게 통고한 후 폐기할 수 있다. 다만, 급박하여 통고할 여유가 없는 경우에는 폐기한 후 즉시 통고하여야 한다.

1. 사람의 생명이나 재산에 해를 끼칠 우려가 있는 물품
2. 부패하거나 변질된 물품
3. 유효기간이 지난 물품
4. 상품가치가 없어진 물품
5. 제1호부터 제4호까지에 준하는 물품으로서 관세청장이 정하는 물품

보세화물장치기간 및 체화관리에 관한 고시

제40조(폐기명령 대상 등) 세관장은 법 제160조제4항에 따라 다음 각 호의 어느 하나에 해당하는 물품은 그 장치기간에 불구하고 화주, 반입자 또는 그 위임을 받은 자에게 1개월의 기간을 정하여 별지 제9호서식으로 폐기 또는 반송을 명할 수 있다. 다만, 급박하게 통고할 여유가 없을 때에는 폐기한 후 즉시 통고하여야 한다.

1. 사람의 생명이나 재산에 해를 끼칠 우려가 있는 물품
2. 부패하거나 변질된 물품

→ 관세법 제160조 제1항에 언급된 '그 밖의 사유로'에서 사유를 유추할 수 있는 것은 관세법 제160조 제4항 제4호 및 보세화물장치기간 및 체화관리에 관한 고시 제40조 제3호에 언급되었듯이 상품가치가 없어진 물품입니다. 귀사의 물품은 비록 유효기간이 지나지는 않았지만 본 물품이 도매상으로 판매하기 위해서는 최소 유통기간이 있어야 하나 그 기간 부족으로 인하여 도매상으로의 판매가 되지 않으면 상품가치가 없어진 물품이라고 판단합니다. 사유서 작성 시 자세히 기재하여야 합니다.

▌ 관련 법령

관세법·시행령·시행규칙
보세화물장치기간 및 체화관리에 관한 고시 등

FOB 조건 수출의 경우 포워더에서 발행된 세금계산서 항목의 이해

▌질의 요지

　귀사인 '○○'이 FOB 조건으로 수출을 진행하였고 포워더에서 발행된 세금계산서 항목인 "1. CUSTOMS CLEARANCE FEE 2. TRUCKING CHARGE"의 의미 및 비용 부담 주체에 대하여 검토를 의뢰하였습니다. 당사에서는 귀사에서 제공한 정보만을 가지고 검토하였습니다.

▌ 검토 의견

1. FOB 조건

> 매도인이 선적항에서 본선의 갑판상에 물품을 인도하는 거래규칙입니다. 본 조건은 본질적으로 선적항의 본선상에서 인도를 이행하는 계약조건이므로, 물품의 선적항에서 본선의 갑판상에 적치되거나 그렇게 조달된 때부터 물품에 대한 모든 비용과 위험에 대한 책임은 매수인이 부담합니다.

※ 귀사인 '○○'이 FOB 조건으로 수출을 진행하였고 포워더에서 발행된 세금계산서 항목 정리

세금계산서 항목	의 미
CUSTOMS CLEARANCE FEE	수출 통관수수료
TRUCKING CHARGE	선적항까지의 운송료

2. INCOTERMS 조건별 수출 및 수입통관 이행 주체

INCOTERMS 조건	수출통관	수입통관
EXW	**매수인**	매수인
FCA	매도인	매수인
FAS	매도인	매수인
FOB	매도인	매수인
CFR	매도인	매수인
CIF	매도인	매수인
CPT	매도인	매수인
CIP	매도인	매수인
DAT	매도인	매수인
DAP	매도인	매수인

INCOTERMS 조건	수출통관	수입통관
DDP	매도인	**매도인**

3. INCOTERMS 조건별 비용(운송료 등)의 이해

1) 직접 교육 설명하겠습니다.

2) '첨부 2. INCOTERMS 교육 자료'를 참고하시기 바랍니다.

4. 통관수수료의 이해

1) 통관수수료 Sample

업무 구분	견적 세부	견적 금액	참고
수출 통관 (반송 통관 포함)	MIN		부가세 별도
	수출 요율	FOB Value X 0.0015(예시)	
	MAX		
수입 통관	MIN		부가세 별도
	수입 요율	CIF Value X 0.0020(예시)	
	MAX		

2) 관세사로부터 직접 세금계산서를 받는 경우vs포워더로부터 세금계산서를 받는 경우

▊ 관련 법령

네이버 웹사이트 등

'○○'과 '○○ TW' 또는 '○○ SG' 간 DDP 조건 수출의 경우 '○○ TW' 또는 '○○ SG'의 부가가치세 환급 가능 검토 / Incoterms에 따른 해외 현지법인의 부가가치세 환급 가능 여부

▌ 질의 요지

귀사인 '○○'(모회사)와 '○○ TW'(자회사) 또는 '○○ SG'(자회사) 間 DDP 조건 수출의 경우 '○○ TW'(자회사) 또는 '○○ SG'(자회사)의 부가가치세 환급 가능 여부에 대하여 검토를 의뢰하였습니다. 또한 Incoterms에 따른 해외 현지법인의 부가가치세 환급 가능 여부에 대하여 검토를 의뢰하였습니다. 당사에서는 귀사에서 제공한 정보만을 가지고 환급 가능 여부에 대하여 검토하였습니다.

▌ 검토 의견

1. DDP 조건

> 매도인이 물품의 수입통관을 이행하고, 지정된 목적지까지 운반하여 양하준비를 갖추어 도착하는 운송수단상에서 매수인의 임의처분하에 인도하는 거래규칙입니다. 매도인이 수입통관과 이에 따른 관세 등의 경비를 부담하고 물품을 최종목적지까지 운반하여 매수인에게 인도하여야 합니다.

※ 귀사인 '○○'(모회사)와 '○○ TW'(자회사) 및 '○○ SG'(자회사) 間DDP 조건 수출의 경우, 매도인인 '○○'(모회사)에게 ㈜XXX가 세금계산서 항목 중 대만 및 싱가포르에서 발생한 'CUSTOMS DUTY TAX(VAT)'를 청구한 것은 이상이 없습니다. (위 DDP 조건의 정의와 일치)

2. '○○ TW'(자회사) 및 '○○ SG'(자회사)의 부가가치세 환급 가능 여부

1) DDP 조건의 경우 수입국의 실질적인 수입 주체는 다음과 같이 나누어집니다.

구분	수입국의 실질적인 수입 주체
1번	수출자(또는 수출자의 대행자 등)
2번	실제 수입자

2) 보내주신 건에 대한 대만 및 싱가포르의 수입신고필증상 납세 의무인 항목을 체크하시기 바랍니다. 'ㅇㅇ TW CO., LTD.' 또는 'ㅇㅇ SG CO., LTD'이라고 기입된 것을 확인하면 위 1)의 2번에 해당함을 의미합니다.

만약 위 1)의 1번에 해당할 경우 'ㅇㅇ TW CO., LTD.' 또는 'ㅇㅇ SG CO., LTD' 이 아닌 제3자가 납세의무인으로 된 경우를 의미하므로 'ㅇㅇ TW CO., LTD.' 또는 'ㅇㅇ SG CO., LTD'가 주체가 되는 부가가치세 환급과는 무관합니다.

3) 대한민국 관세법 및 부가가치세법에 의한 경우 DDP 조건의 경우 관세 및 부가세 등을 매도인이 부담하나, 위 1)의 2번에 해당하는 경우 수입세금계산서의 공급받는 자는 실제 수입자 명의로 발행됩니다. 즉 매입세액 공제(환급)받을 수 있습니다.

> DDP 조건의 경우 관세 및 부가세 등을 매도인이 부담하나 그 부담하는 금액은 결국에는 매수인에게 견적서상의 항목으로 반영될 것입니다.

4) 다만 대만 및 싱가포르의 부가가치세법의 경우 그 내용이 대한민국의 내용과 상이할 수 있으니 대만 및 싱가포르의 세무사(또는 공인회계사) 확인이 필요합니다. 다시 말해 대

한민국의 부가가치세법의 경우 매입세액이 매출세액보다 많은 경우에 환급이 발생되며 확정신고 기한 경과 후 일정일 내에 환급함을 원칙으로 하듯이 대만 및 싱가포르의 부가가치세법 환급 절차를 확인하셔야 합니다. (분명히 현지법인에서 법인세 등의 문제로 인하여 현지 세무사(또는 공인회계사) 접촉을 하고 계실 것입니다. 상담을 권유합니다.)

5) 대만 및 싱가포르의 관세청 인터넷 상담 주소(도움이 될 수 있어 기입합니다.)

구 분	대만
명칭	Customs Administration, Ministry of Finance FAQ
전화	(해외에서 걸 때) +886-2-2550-5500
홈페이지	http://eweb.customs.gov.tw
주소	NO.13, Tacheng St, Taipei City 10341, Taiwan, R.O.C

구 분	싱가포르
명칭	Ask Customs
전화	(해외에서 걸 때) 65-6355-2000
홈페이지	http://www.customs.gov.sg/
주소	55 Newton Road #10-01 Revenue House Singapore 307987

3. Incoterms에 따른 해외 현지법인의 부가가치세 환급 가능 여부

1) INCOTERMS 조건별 수출 및 수입통관 이행 주체

INCOTERMS 조건	수출통관	수입통관
EXW	매수인	매수인
FCA	매도인	매수인
FAS	매도인	매수인
FOB	매도인	매수인
CFR	매도인	매수인
CIF	매도인	매수인
CPT	매도인	매수인
CIP	매도인	매수인
DAT	매도인	매수인
DAP	매도인	매수인
DDP	매도인	**매도인**

2) 위와 같이 수입국가의 수입통관 주체는 DDP조건을 제외하고는 매수인입니다. 해외의 부가가치세법 제도가 우리나라의 부가가치세법과 동일하다고 보면 부가가치세 환급받는 것에 무리가 없을 것으로 판단됩니다. DDP조건의 경우에도 앞에서 설명드린 바와 같이 수입국의 실질적인 수입 주체가 매수인인 경우 부가가치세 환급받는 것에 무리가 없을 것으로 판단됩니다.

▌관련 법령

부가가치세법·시행령·시행규칙

주요 교역국 관세청 민원상담센터 Brochure(관세청 발행)

네이버 웹사이트 등

제3국 무역의 경우 Switch B/L 관련 정리

▌ 질의 요지

귀사와 동행 관세사무소의 금일 유선상 언급된 제3국 무역의 경우 Switch B/L 관련 주요 내용에 대하여 정리합니다. 당사에서는 귀사에서 제공한 정보만을 가지고 검토하였습니다.

▌ 검토 의견

※ 중계무역(삼국무역)의 가정

구분	거래 관계
1	X물품에 대한 미국의 수출자(A)와 한국의 수입자(B) 매매계약 체결
2	X물품에 대한 한국의 수출자(B)와 호주의 수입자(C) 매매계약 체결 즉 위 한국의 수입자(B)와 한국의 수출자(B)는 동일
3	X물품은 미국에서 선적되어 한국에 입항하지 않고 호주로 항해하는 경우
4	한국의 수출자(B)는 호주의 수입자(C)에게 미국의 수출자(A) 정보를 노출하지 않아야 하는 경우

1. 삼국무역의 정의

Intermediary Trade(중계무역)의 일종으로서 외국 간 무역이라고도 부르고 있다. 한국상사 C가 매매의 당사자가 되어 있는 상품을 수출국 A로부터 매입하고 이 것을 다시 수입국 B에 매도하면 양국에 대해 스스로 대금결제의 당사자가 되는 데, 화물이 외국 상호 간(A-B) 직행하는 무역거래를 말한다. 또한 우리나라 상사 의 해외지점이 본사를 개입시키지 않고 해외지점이 계약당사자가 되고 또한 스 스로 결제당사자가 되어 외국상호간에 화물을 이동시키는 거래를 말한다.

-출처: [네이버 지식백과] 삼국간무역 [Cross Trade] (무역용어사전)

2. Switch B/L(스위치 선하증권)

1) 정의

'Switch B/L'이란 중계무역(삼각무역, 삼국간무역), 신용장 양도 등에 사용되는 B/L로서 중계업자가 원매도인을 노출시키지 않기 위하여, 화물을 실제 수출한 지역에 속한 선사가 발행하는 B/L을 근거로 제3의 장소에서 Shipper(원매도인) 를 중계업자로 교체하여 발급받는 B/L을 말합니다.

2) B/L상 변경 (불)가능 항목

구분	내용
변경 가능 항목	Shipper, Consignee, Notify Switch B/L을 근거로 한 Commercial Invoice, Packing List상의 Shipper, Consignee, Notify 및 물품내역(품명, 규격, 단가, 금액 등)
변경 불가능 항목	선박명, 선적항, 도착항, 도착지 등

▌ 관련 법령

네이버 웹사이트 등

외화획득용 원료 또는 물품 등의 국내 구매 시 영세율 적용 관련 정리

▍질의 요지

귀사에서 외화획득용 원료 또는 물품 등의 국내 구매 시 영세율 적용 관련하여 문의하였습니다. 당사에서는 귀사에서 제공한 정보만을 가지고 검토하였습니다.

▮ 검토 의견

1. 거래 관계

구분	내용
1	○○(주)로부터 국내업체는 물품을 구입
2	국내업체는 물품을 해외로 수출

2. 외화획득용 원료 또는 물품 등의 국내 구매 시 영세율 적용 관련(필요 부분만 발췌)

1) 구매확인서 및 내국신용장 정의

> 대외무역관리규정 제2조(정의) 이 규정에서 사용하는 용어의 뜻은 다음과 같다.
>
>   18. "구매확인서"란 외화획득용 원료·기재를 구매하려는 경우 또는 구매한 경우 외국환은행의 장 또는 「전자무역 촉진에 관한 법률」 제6조에 따라 산업통상자원부장관이 지정한 전자무역기반사업자(이하 "전자무역기반사업자"라 한다)가 내국신용장에 준하여 발급하는 증서(구매한 경우에는 구매확인서 신청인이 세금계산서를 발급받아 「부가가치세법 시행규칙」 제9조의2에서 정한 기한 내에 신청하여 발급받은 증서에 한한다)를 말한다.
>
>   19. "내국신용장"이란 한국은행총재가 정하는 바에 따라 외국환은행의 장이 발급하여 국내에서 통용되는 신용장을 말한다.

2) 구매확인서 발급시 영세율 적용 근거

대외무역법 제18조(구매확인서의 발급 등)

① 산업통상자원부장관은 외화획득용 원료·기재를 구매하려는 자가 「부가가치세법」 제24조에 따른 영(零)의 세율을 적용받기 위하여 확인을 신청하면 외화획득용 원료·기재를 구매하는 것임을 확인하는 서류(이하 "구매확인서"라 한다)를 발급할 수 있다.

부가가치세법 제34조(세금계산서 발급시기)

① 세금계산서는 사업자가 제15조 및 제16조에 따른 재화 또는 용역의 공급시기에 재화 또는 용역을 공급받는 자에게 발급하여야 한다.

부가가치세법 제15조(재화의 공급시기)

① 재화가 공급되는 시기는 다음 각 호의 구분에 따른 때로 한다. 이 경우 구체적인 거래 형태에 따른 재화의 공급시기에 관하여 필요한 사항은 대통령령으로 정한다.
  1. 재화의 이동이 필요한 경우: 재화가 인도되는 때
  2. 재화의 이동이 필요하지 아니한 경우: 재화가 이용 가능하게 되는 때
  3. 제1호와 제2호를 적용할 수 없는 경우: 재화의 공급이 확정되는 때
② 제1항에도 불구하고 할부 또는 조건부로 재화를 공급하는 경우 등의 재화의 공급시기는 대통령령으로 정한다.

② 제1항에도 불구하고 사업자는 제15조 또는 제16조에 따른 재화 또는 용역의 공급시기가 되기 전 제17조에 따른 때에 세금계산서를 발급할 수 있다.
③ 제1항에도 불구하고 다음 각 호의 어느 하나에 해당하는 경우에는 재화

또는 용역의 공급일이 속하는 달의 다음 달 10일(그날이 공휴일 또는 토요일인 경우에는 바로 다음 영업일을 말한다)까지 세금계산서를 발급할 수 있다.

1. 거래처별로 1역월(1曆月)의 공급가액을 합하여 해당 달의 말일을 작성 연월일로 하여 세금계산서를 발급하는 경우
2. 거래처별로 1역월 이내에서 사업자가 임의로 정한 기간의 공급가액을 합하여 그 기간의 종료일을 작성 연월일로 하여 세금계산서를 발급하는 경우
3. 관계 증명서류 등에 따라 실제 거래사실이 확인되는 경우로서 해당 거래일을 작성 연월일로 하여 세금계산서를 발급하는 경우

3) 구매확인서 발급 관련

대외무역법 시행령 제31조(구매확인서의 신청·발급 등)

① 법 제18조제1항에 따른 구매확인서를 발급받으려는 자는 구매확인신청서에 다음 각 호의 서류를 첨부하여 산업통상자원부장관에게 제출하여야 한다.
1. **구매자·공급자에 관한 서류**
2. **외화획득용 원료·기재의 가격·수량 등에 관한 서류**
3. **법 제16조제1항에 따른 외화획득용 원료·기재라는 사실을 증명하는 서류로서 산업통상자원부장관이 정하여 고시하는 서류**

대외무역관리규정 제36조(구매확인서의 신청서류)
② 영 제31조제1항제3호에 규정한 "외화획득용 원료·기재라는 사실을 증명하는 서류"란 다음 각 호의 어느 하나를 말한다.

대외무역법 시행령 제31조(구매확인서의 신청·발급 등)

1. 수출신용장
2. 수출계약서(품목·수량·가격 등에 합의하여 서명한 수출계약 입증서류)
3. 외화매입(예치)증명서(외화획득 이행 관련 대금임이 관계 서류에 의해 확인되는 경우만 해당한다)
4. 내국신용장
5. 구매확인서
6. 수출신고필증(외화획득용 원료·기재를 구매한 자가 신청한 경우에만 해당한다)
7. 영 제26조 각 호에 따른 외화획득에 제공되는 물품 등을 생산하기 위한 경우임을 입증할 수 있는 서류

대외무역관리규정 제37조(구매확인서의 발급신청 등)

① 영 제31조에 따라 국내에서 외화획득용 원료·기재를 구매하려는 자 또는 구매한 자는 외국환은행의 장 또는 전자무역기반사업자에게 구매확인서의 발급을 신청할 수 있다.

② 구매확인서를 발급받으려는 자는 구매확인신청서를 「전자무역 촉진에 관한 법률」 제12조에서 정하는 바에 따른 전자무역문서로 작성하여 외국환은행의 장 또는 전자무역기반사업자에게 제출하여야 하고, 제36조제2항 각호의 어느 하나에 해당하는 서류를 동법 제19조에서 정하는 바에 따라 제출하여야 한다.

③ 외국환은행의 장 또는 전자무역기반사업자는 별지 제13-1호 서식에 의한 외화획득용원료·기재구매확인서를 전자무역문서로 발급하고 신청한 자에

　　게 발급사실을 알릴 때 승인번호, 개설 및 통지일자, 발신기관 전자서명 등 최소한의 사항만 알릴 수 있다.

④ 외국환은행의 장 또는 전자무역기반사업자는 제1항에 따라 신청하여 발급된 구매확인서에 의하여 2차 구매확인서를 발급할 수 있으며 외화획득용 원료·기재의 제조·가공·유통(완제품의 유통을 포함한다)과정이 여러 단계인 경우에는 각 단계별로 순차로 발급할 수 있다.

⑤ 구매확인서를 발급한 후 신청 첨부서류의 외화획득용 원료·기재의 내용변경 등으로 이미 발급받은 구매확인서와 내용이 상이하여 재발급을 요청하는 경우에는 새로운 구매확인서를 발급할 수 있다.

⑥ 영 제31조제2항에 규정한 "외화획득의 범위에 해당하는지를 확인"이란 외국환은행의 장 또는 전자무역기반사업자가 구매확인서 발급 신청인으로부터 제36조제2항 각 호의 어느 하나에 해당하는 서류를 확인하는 것을 말한다.

제38조(발급신청 대행)

구매확인서를 발급받으려는 자가 전산설비를 갖추지 못하였거나 기타 부득이한 사유로 전자문서를 작성하지 못하는 때에는 전자무역기반사업자에게 위탁하여 신청할 수 있다.

▌ 관련 법령

대외무역법·시행령

대외무역관리규정 등

수입 예정 물품인 '○○○○○ ○ ○○○○○○ (완구)' 관련 통관 측면 검토

▌질의 요지

귀사에서 수입 예정 물품인 '○○○○○ ○ ○○○○○○(완구)' 관련 통관 측면 검토를 의뢰하였습니다. 당사에서는 귀사에서 제공한 정보만을 가지고 통관 측면에 대하여 검토하였습니다.

▌검토 의견

1. 의뢰한 물품의 예상 HS번호 정리

HS번호			용어
9503	00		세발자전거·스쿠터·페달 자동차와 이와 유사한 바퀴가 달린 완구, 인형용 차, 인형과 그 밖의 완구, 축소 모형과 이와 유사한 오락용 모형(작동하는 것인지에 상관없다), 각종 퍼즐
		3	그 밖의 완구·축소모형과 이와 유사한 오락용 모형(작동하는 것인지는 상관없다)과 각종 퍼즐
		3919	기타의 기타

※ 수출자 측에 문의하신 HS번호가 위의 예상 HS번호와 상이할 경우 당사에 통보하여 주시기 바랍니다.

2. 예상 HS번호에 대한 관세율 및 원산지결정기준

HS번호	기본 관세율	아태 세율	한-중 FTA	원산지결정기준 (한-중 FTA의 경우)
9503.00-3919	8%	5.6%	5.8%	CTH or RVC 40%

※ 한-중 FTA 및 아태 세율의 경우 원산지증명서 구비 필수
※ 예상 HS번호와 상이 HS번호의 경우 관세율 및 원산지결정기준 위와 상이

3. 예상 HS번호에 대한 통합공고 및 세관장확인대상 정리 (관련 대상 내용만 정리)

9503.00-3919	내용
통합공고	**자원의 절약과 재활용 촉진에 관한 법률** 1. 폐기물 부담금 납부대상 제품은 수입 후 한국환경공단에 납부 대상여부를 확인받아야 하며, 재활용 의무대상제품, 포장재일 경우 매년 4월 15일까지 전년도의

9503.00-3919	내용
	수입실적을 한국환경공단에 제출하여야 함
세관장확인대상	**어린이제품안전특별법** 1. 다음의 것은 어린이제품 안전 특별법 제22조에 따라 자율안전확인신고기관으로부터 공산품 동일모델 확인 또는 공산품 시료확인 및 사전통관 확인을 받고 수입할 수 있음. 다만 같은 법 제22조에 따라 면제대상인 경우에는 해당하지 아니함 • 완구

1) 통합공고라 함은 대외무역법 제12조에 의거하여 대외무역법 이외의 다른 법령에서 수출입 요건 및 절차 등을 규정하고 있는 품목을 모아서 산업통상자원부장관이 공고한 것을 말합니다.

2) 세관장확인대상이라 함은 관세법 제226조에 의거하여 수출입을 할 때 법령에서 정하는 바에 따라 허가·승인·표시 또는 그 밖의 조건을 갖출 필요가 있는 물품은 세관장에게 그 허가·승인·표시 또는 그밖의 조건을 갖춘 것임을 증명하여야 합니다.

3) 귀사에서 수입 예정 물품인 '○ ○ ○ ○ ○ ○ ○ ○ ○ ○ ○ ○ ○ ○(완구), 즉 HS번호 '9503.00-3919'의 경우 통관단계에서 일반적인 관세법 수입신고 외에 어린이제품안전특별법에 의한 자율안전확인대상 어린이제품으로 관련 절차 이행이 필수입니다.

4. 어린이제품안전특별법 대상 검토

1) 우선 어린이제품안전특별법 제22조(안전확인 신고 등) 및 동법 시행규칙 제29조(안전확인대상 어린이제품의 신고)에 의거하여 안전확인대상 어린이제품의 수입업자는 산업통상자원부령으로 정하는 바에 따라 안전확인대상 어린이제품의 모델별로 지정된 시험·검사기관으로부터 안전성에 대한 시험·검사를 받아 해당 어린이제품이 일정 안전기준에 적합한 것임을 확인한 후, 이를 산업통상자원부장관에게 신고하여야 합니다.

   <u>요약하자면 'KC' 인증 취득입니다.</u>

2) 어린이제품안전특별법 시행규칙 〔별표2〕 '안전확인대상 어린이제품의 종류 및 적용 안전기준'을 살펴보면 '완구'는 다음과 같습니다.

안전확인대상 어린이제품	적용 안전기준
6. 완구	가. 어린이제품 공통안전기준 나. 완구 안전기준

- 안전확인안전기준 부속서 6(완구) 중 '기능 및 특성에 의한 구분과 예시'에 의거하여 '비눗방울'은 기타완구 분류 가능성 있음

-출처: 국가기술표준원, http://www.kats.go.kr

5. 시험·검사기관 안전확인대상 신청 절차

1) 사전통관 신청

세관장확인대상 수입 예정 물품을 본 물량 수입 前에 KC 인증 취득을 위한 목적으로 시험·검사기관에 보낼 물품을 수입하기 위한 절차입니다.

순서	구분	내용
1	대상 확인	안전확인대상 어린이제품 확인
2	시험기관 Contact	구비서류 / 필요 시료 수 / 비용 / 기간 등 확인
3	사전통관 신청서 접수	사전통관신청서 / 사업자등록증 사본 / 제품 설명서(사진포함) 등
4	사전통관 진행	사전통관번호 / 확인서 발급

2) 안전확인대상 시험 진행

순서	구분	내용
1	시험·검사기관	한국기계전기전자시험연구원 / 한국화학융합시험연구원 / 한국의류시험연구원 등
2	한글라벨 표시	완구 종류에 따른 한글라벨 표시 부착

※ 당사에서는 안전확인대상 시험 신청대리 업무도 진행합니다.

█ 관련 법령

어린이제품안전특별법·시행령·시행규칙

어린이제품 안전관리제도 운용요령

국가기술표준원 웹사이트 등

특정 물품(Reuse Lithium-ion Battery) 관련 통관 측면 검토

질의 요지

귀사에서 특정물품(Reuse Lithium-ion Battery)의 통관 측면 검토에 대하여 문의하였습니다. 당사에서는 귀사에서 제공한 정보만을 가지고 관련 사항에 대하여 정리하였습니다.

검토 의견

1. 예상 HS번호 정리

HS번호			용어
8507			축전지(격리판을 포함하며, 직사각형이나 정사각형인지에 상관없다)
	60		리튬이온 축전지
		1000	리튬폴리머 축전지
		9000	기타

2. 예상 HS번호에 대한 관세율 정리(일본으로부터 수입)

구분	관세율 %
8507.60-1000 또는 8507.60-9000	기본 관세 8%

3. 예상 HS번호에 대한 세관장확인대상 정리

구분	세관장확인대상
8507.60-1000 또는 8507.60-9000	**전기용품및생활용품안전관리법** 안전확인 대상 전기용품을 수입하고자 하는 자는 안전확인신고를 한 전기용품을 수입하여야 하며, 당해 전기용품은 안전확인기관의 확인을 받아 수입할 수 있음 • 리튬이온축전지

4. KC 인증 관련 정리

구 분	내 용
신청 기관	한국기계전기전자시험연구원 / 한국화학융합시험연구원
인증 기간	약 ○개월 / 약 ○개월
인증 비용	약 ○○만 원(부가세 별도)

구 분	내 용
대행 수수료	○○원(부가세 별도)

▌관련 법령

통일상품명 및 부호체계에 관한 국제협약과 그 부속서

전기용품 및 생활용품 안전관리법·시행령·시행규칙 등

전기용품 및 생활용품 안전관리법상 전기용품 대상 관련 조항 정리

▌ 질의 요지

귀사에서 전기용품 및 생활용품 안전관리법상 전기용품 대상 관련 조항 정리를 의뢰하였습니다. 당사에서는 귀사에서 제공한 정보만을 가지고 검토하였습니다.

▌검토 의견

전기용품 및 생활용품 안전관리법 시행규칙 제3조(안전관리대상제품의 범위)

① 안전인증대상전기용품은 <u>1천볼트 이하의 교류전원 또는 직류전원을 사용하는 것</u>으로서 별표 3 제1호에 따른 제품으로 한다.

③ 안전확인대상전기용품은 <u>1천볼트 이하의 교류전원 또는 직류전원을 사용하는 것</u>으로서 별표 4 제1호에 따른 제품으로 한다.

⑤ 공급자적합성확인대상전기용품은 <u>1천볼트 이하의 교류전원 또는 직류전원을 사용하는 것</u>으로서 별표 5 제1호에 따른 제품으로 한다.

전기용품 및 생활용품 안전관리 운용요령 제3조(안전관리대상제품의 세부품목)

① 규칙 제3조제8항에 따른 안전인증대상전기용품, 안전확인대상전기용품 및 공급자적합성확인대상전기용품(이하 "안전관리대상전기용품"이라 한다)에 대한 세부품목은 다음과 같다.

　1. 안전인증대상전기용품에 대한 세부품목은 별표 1과 같다.

　2. 안전확인대상전기용품에 대한 세부품목은 별표 2와 같다.

　3. 공급자적합성확인대상전기용품에 대한 세부품목은 별표 3과 같다.

③ <u>교류전원 30V 이하, 직류전원 42V 이하에서 사용하는 전기용품은 안전관리대상전기용품에서 제외한다.</u> 다만 교류전원 30V 이하, 직류전원 42V 이하에서 사용하는 것이라도 별표 1, 별표 2, 별표 3에서 별도로 지정한 전기용품에 대해서는 안전관리대상전기용품에 포함한다.

▎ 관련 법령

전기용품 및 생활용품 안전관리법·시행령·시행규칙

전기용품 및 생활용품 안전관리 운용요령 등

전기용품 및 생활용품 안전관리법상
전기용품 및 전파법상 요건의 면제 검토(2)

▌ 질의 요지

　귀사에서 '2018. 07. 05'에 전기용품 및 생활용품 안전관리법상 전기용품 요건의 면제 및 전파법상 요건의 면제에 대한 검토를 의뢰하였고 당사 문서 시행 번호 '20180705-002'로 의견서를 송부하였습니다. 추가하여 귀사에서 중국(예)의 수출자와 물품 매매계약을 체결하고 본 물품이 정상적으로 작동하는지 단순 테스트하기 위하여 대한민국으로 수입할 경우 전기용품 및 생활용품 안전관리법상 요건의 면제 및 전파법상 요건의 면제에 대한 검토를 의뢰하였습니다. 당사에서는 귀사에서 제공한 정보만을 가지고 검토하였습니다.

▌검토 의견

1. 전기용품 및 생활용품 안전관리법상 관련 규정(필요 부분만 발췌)

1) 안전인증의 면제

> **전기용품 및 생활용품 안전관리법 제6조(안전인증의 면제)**
>
> 산업통상자원부장관은 안전인증대상제품이 다음 각 호의 어느 하나에 해당하는 경우에는 제5조제1항에도 불구하고 대통령령으로 정하는 바에 따라 안전인증의 전부 또는 일부를 면제할 수 있다.
>
> 1. 연구·개발, 전시 및 안전인증을 위한 제품시험을 목적으로 제조하거나 수입하는 안전인증대상제품으로서 대통령령으로 정하는 것에 대하여 산업통상자원부령으로 정하는 바에 따라 산업통상자원부장관의 확인을 받은 경우
> 6. 산업통상자원부령으로 정하는 일정 수준 이상의 시험능력을 갖춘 제조업자 또는 수입업자가 산업통상자원부령으로 정하는 바에 따라 제품시험을 실시하여 안전인증기관이 적합한 것임을 확인한 경우

'귀사에서 중국(예)의 수출자와 물품 매매계약을 체결하고 본 물품이 정상적으로 작동하는지 단순 테스트하기 위하여 대한민국으로 수입할 경우'의 경우와 위 전안법 제6조(안전인증의 면제)

항목에서 유사한 부분은 제1항 및 제6항이라고 판단됩니다. 제1항 및 제6항이 귀사의 경우와 일치하는지 검토하겠습니다.

우선 제1항의 '연구·개발' 수입과 단순 테스트 수입은 사유가 상이하다고 판단됩니다. 즉 면제 사유에 해당하지 않습니다. 더구나 다음의 전안법 시행령 제8조(안전인증의 면제)의 기관 등에서 수입할 경우에만 인증 면제에 해당합니다.

전기용품 및 생활용품 안전관리법 시행령 제8조(안전인증의 면제)

① 법 제6조제1호에서 "대통령령으로 정하는 것"이란 다음 각 호의 어느 하나에 해당하는 것을 말한다.

1. 다음 각 목의 어느 하나에 해당하는 학교, 연구소 또는 연구기관 등이 연구·개발용으로 사용하는 것

   가. 「초·중등교육법」 제2조에 따른 학교

   나. 「고등교육법」 제2조에 따른 학교

   다. 「정부출연연구기관 등의 설립·운영 및 육성에 관한 법률」 제2조에 따른 정부출연연구기관

   라. 「과학기술분야 정부출연연구기관 등의 설립·운영 및 육성에 관한 법률」 제2조에 따른 정부출연연구기관

   마. 「과학기술분야 정부출연연구기관 등의 설립·운영 및 육성에 관한 법률」 제8조제1항에 따른 연구기관

   바. 「특정연구기관 육성법」 제2조에 따른 특정연구기관

   사. 「기초연구진흥 및 기술개발지원에 관한 법률」 제14조의2제1항에 따른 기업부설연구소

      아. 「산업교육진흥 및 산학연협력촉진에 관한 법률」 제37조제1항에 따른 협력연구소

      자. 「산업기술혁신 촉진법」 제42조에 따른 전문생산기술연구소

      차. 「연구개발특구의 육성에 관한 특별법」 제2조제6호에 따른 연구소기업

      카. 「민법」 또는 다른 법률에 따라 설립된 과학기술분야의 법인인 연구기관

      타. 그 밖의 국공립 시험연구기관 또는 검사기관

2. 「전파법」 제2조제1항제9호에 따른 방송국 또는 「방송법」 제2조제1호에 따른 방송에 필요한 시설을 연구·개발하기 위하여 사용하는 것

3. 「통계법」 제22조제1항에 따라 통계청장이 고시하는 한국표준산업분류에 따른 제조업을 하는 자가 연구·개발을 위한 시료(試料)로 사용하는 것

다음으로 제6항의 산업통상자원부령으로 정하는 일정 수준 이상의 시험능력을 갖춘 제조업자 또는 수입업자는 다음의 전안법 시행규칙 제14조와 같습니다. 귀사가 해당하지는 않는다고 판단됩니다.

제14조(안전인증기관의 확인에 따른 제품시험 면제)

① 법 제6조제6호에서 "산업통상자원부령으로 정하는 일정 수준 이상의 시험능력을 갖춘 제조업자 또는 수입업자"란 다음 각 호의 어느 하나에 해당하

는 제조업자 또는 수입업자를 말한다.

1. 「국가표준기본법」 제23조제2항에 따른 인정기구로부터 인정받은 시험·검사기관인 제조업자 또는 수입업자

2. 국제전기기기인증제도(IECEE)에 따라 공인을 받은 인증기관으로부터 시험기관으로 인정을 받은 제조업자 또는 수입업자

2) 안전확인신고의 면제

전기용품 및 생활용품 안전관리법 제16조(안전확인신고의 면제)

산업통상자원부장관은 안전확인대상제품이 다음 각 호의 어느 하나에 해당하는 경우에는 제15조제1항에도 불구하고 대통령령으로 정하는 바에 따라 안전확인신고의 전부 또는 일부를 면제할 수 있다.

1. 연구·개발, 전시 및 안전확인신고를 위한 제품시험을 목적으로 제조하거나 수입하는 안전확인대상제품으로서 대통령령으로 정하는 것에 대하여 산업통상자원부령으로 정하는 바에 따라 산업통상자원부장관의 확인을 받은 경우

5. 산업통상자원부령으로 정하는 일정 수준 이상의 시험능력을 갖춘 제조업자 또는 수입업자가 산업통상자원부령으로 정하는 바에 따라 제품시험을 실시하여 안전확인시험기관이 적합한 것임을 확인한 경우

'귀사에서 중국(예)의 수출자와 물품 매매계약을 체결하고 본 물품이 정상적으로 작동하는지 단순 테스트하기 위하여 대한민국

으로 수입할 경우'의 경우와 위 전안법 제16조(안전확인신고의 면제) 항목에서 유사한 부분은 제1항 및 제5항이라고 판단됩니다. 제1항 및 제5항이 귀사의 경우와 일치하는지 검토하겠습니다.

우선 제1항의 '연구·개발' 수입과 단순 테스트 수입은 사유가 상이하다고 판단됩니다. 즉 면제 사유에 해당하지 않습니다. 더구나 다음의 전안법 시행령 제12조(안전확인신고의 면제)의 기관 등에서 수입할 경우에만 인증 면제에 해당합니다.

전기용품 및 생활용품 안전관리법 시행령 제12조(안전확인신고의 면제)

① 법 제16조제1호에서 "대통령령으로 정하는 것"이란 다음 각 호의 어느 하나에 해당하는 것을 말한다.

1. 제8조제1항제1호부터 제4호까지에 해당하는 것
2. 안전확인시험을 목적으로 하는 것
3. 수입한 안전확인대상제품의 수리·보수를 위한 부품으로서 해당 안전확인대상제품의 수입수량의 2.5퍼센트 이내로 수입하는 것(그 안전확인대상제품에 사용된 것만 해당된다)
4. 그 밖에 사용 목적이 한정되어 불특정 다수인에게 판매하거나 대여하지 아니하는 것으로서 산업통상자원부장관이 법 제15조제1항에 따른 안전확인신고(이하 "안전확인신고"라 한다)를 받을 필요가 없다고 정하여 고시하는 것

다음으로 제5항의 산업통상자원부령으로 정하는 일정 수준 이상의 시험능력을 갖춘 제조업자 또는 수입업자는 다음의 전안법 시행규칙 제14조와 같습니다. 귀사가 해당하지는 않는다고 판단됩니다.

전기용품 및 생활용품 안전관리법 시행규칙

제33조(안전확인시험기관의 확인에 따른 제품시험의 면제)

① 법 제16조제5호에서 "산업통상자원부령으로 정하는 일정 수준 이상의 시험능력을 갖춘 제조업자 또는 수입업자"란 다음 각 호의 어느 하나에 해당하는 제조업자 또는 수입업자를 말한다.

1. 「국가표준기본법」 제23조제2항에 따른 인정기구로부터 인정받은 시험·검사기관인 제조업자 또는 수입업자
2. 국제전기기기인증제도(IECEE)에 따라 공인을 받은 인증기관으로부터 시험기관으로 인정을 받은 제조업자 또는 수입업자

---

3) 공급자적합성확인 등의 면제

전기용품 및 생활용품 안전관리법 제24조(공급자적합성확인 등의 면제)

산업통상자원부장관은 공급자적합성확인대상제품이 다음 각 호의 어느 하나에 해당하는 경우에는 제23조제1항 및 제2항에도 불구하고 공급자적합성확인 또는 공급자적합성확인신고를 면제할 수 있다.

1. 연구·개발, 전시 및 공급자적합성확인 시험을 위한 목적으로 제조하거나 수입하는 공급자적합성확인대상제품으로서 대통령령으로 정하는

것에 대하여 산업통상자원부령으로 정하는 바에 따라 산업통상자원부
장관의 확인을 받은 경우

'귀사에서 중국(예)의 수출자와 물품 매매계약을 체결하고 본
물품이 정상적으로 작동하는지 단순 테스트하기 위하여 대한민국
으로 수입할 경우'의 경우와 위 전안법 제24조(공급자적합성확인
등의 면제) 항목에서 유사한 부분은 제1항이라고 판단됩니다. 제1
항이 귀사의 경우와 일치하는지 검토하겠습니다.

우선 제1항의 '연구·개발' 수입과 단순 테스트 수입은 사유가
상이하다고 판단됩니다. 즉 면제 사유에 해당하지 않습니다. 더구
나 다음의 전안법 시행령 제14조(공급자적합성확인 또는 공급자
적합성확인신고의 면제)의 기관 등에서 수입할 경우에만 인증 면
제에 해당합니다.

전기용품 및 생활용품 안전관리법 시행령

제14조(공급자적합성확인 또는 공급자적합성확인신고의 면제)
① 법 제24조제1호에서 "대통령령으로 정하는 것"이란 다음 각 호의 어느 하
나에 해당하는 것을 말한다.

1. 제8조제1항제1호부터 제4호까지에 해당하는 것
2. 공급자적합성확인을 위한 제품시험을 목적으로 하는 것
3. 수입한 공급자적합성확인대상제품의 수리·보수를 위한 부품으로서 해당 공급자적합성확인대상제품의 수입수량의 2.5퍼센트 이내로 수입하는 것(그 공급자적합성확인대상제품에 사용된 것만 해당된다)
4. 그 밖에 사용 목적이 한정되어 불특정 다수인에게 판매하거나 대여하지 아니하는 것으로서 산업통상자원부장관이 법 제23조제1항에 따른 공급자적합성확인 또는 같은 조 제2항에 따른 공급자적합성확인신고를 할 필요가 없다고 정하여 고시하는 것

2. 전파법상 관련 규정(질의 관련 부분 및 필요 부분만 발췌)

전파법 제58조의 3(적합성평가의 면제)

① 다음 각 호의 어느 하나에 해당하는 경우로서 대통령령으로 정하는 기자재에 대하여는 적합성평가의 전부 또는 일부를 면제할 수 있다.
   1. 시험·연구, 기술개발, 전시 등 사용목적이 한정되는 기자재를 제조하거나 수입하는 경우

'귀사에서 중국(예)의 수출자와 물품 매매계약을 체결하고 본 물품이 정상적으로 작동하는지 단순 테스트하기 위하여 대한민국으로 수입할 경우'의 경우와 위 전파법 제58조의 3(적합성평가의

면제) 항목에서 유사한 부분은 제1항이라고 판단됩니다. 제1항이 귀사의 경우와 일치하는지 검토하겠습니다.

우선 제1항의 '연구·개발' 수입과 단순 테스트 수입은 사유가 상이하다고 판단됩니다. 즉 면제 사유에 해당하지 않습니다.

▌관련 법령

전기용품 및 생활용품 안전관리법·시행령·시행규칙

전기용품 및 생활용품 안전관리 운용요령

전파법·시행령·시행규칙

방송통신기자재 등의 적합성 평가에 관한 고시

국립전파연구원 웹사이트 등

수입 예정 물품인 '조제 세제' 관련 통관 측면 검토

▌질의 요지

귀사에서 수입 예정 물품인 '조제 세제' 관련 통관 측면 검토를 의뢰하였습니다. 당사에서는 귀사에서 제공한 정보만을 가지고 검토하였습니다.

▌검토 의견

1. 의뢰한 물품의 예상 HS번호 정리

HS번호			용어
3402			유기계면활성제(비누는 제외한다), 조제 계면활성제·조제 세제(보조 조제 세제를 포함한다)·조제 청정제(비누를 함유한 것인지에 상관없으며 제3401호의 물품은 제외한다)
	20		소매용 조제품
		1000	조제 세제

2. HS번호에 대한 관세율 및 원산지결정기준(한-중 FTA의 경우)

HS번호	기본 관세	한-중 FTA
3402.20-1000	5%	0%

→ FTA 원산지증명서 구비 필수

3. 예상 HS번호에 대한 세관장확인대상 정리

3402.20-1000	내용
세관장확인대상	**위생용품관리법** 다음의 위생용품은 위생용품관리법 제10조의 규정에 의한 기준과 규격에 적합한 경우에 한하여 수입할 수 있으며, 위생용품관리법 제8조의 규정에 의거하여 지방식품의약품안전청장에게 신고하여야 함 • 세척제 • 헹굼보조제

4. 생활화학제품 및 살생물제의 안전관리에 관한 법률 관련

안전확인대상생활화학제품 지정 및 안전·표시 기준

세탁제품	1. 세탁세제 2. 표백제 3. 섬유유연제

▌ 관련 법령

통일상품명 및 부호체계에 관한 국제협약과 그 부속서

생활화학제품 및 살생물제의 안전관리에 관한 법률

안전확인대상생활화학제품 지정 및 안전·표시 기준 등

'화학물질관리법 및 화학물질의 등록 및 평가 등에 관한 법률' 관련 필요 내용 정리

▎질의 요지

귀사에서 화학물질관리법 및 화학물질의 등록 및 평가 등에 관한 법률 관련 필요 주요 내용 정리를 요청하셨습니다. 특정물품 (1,3-프로판디올) 수입의 경우를 가정하며 당사에서는 귀사에서 제공한 정보만을 가지고 검토하였습니다.

▎검토 의견

1. 화학물질관리법 관련(필요 부분만 발췌)

화학물질관리법 제9조(화학물질확인)

① 화학물질을 제조하거나 수입하려는 자(수입을 수입 대행자에게 위탁한 경우에는 그 위탁한 지를 말한다. 이하 같다)는 환경부령으로 정하는 바에 따라 해당 화학물질이나 그 성분이 다음 각 호의 어느 하나에 해당하는지를 확인(이하 "화학물질확인"이라 한다)하고, 그 내용을 환경부장관에게 제출하여야 한다.

1. 「화학물질의 등록 및 평가 등에 관한 법률」 제2조제3호에 따른 기존화학물질
2. 「화학물질의 등록 및 평가 등에 관한 법률」 제2조제4호에 따른 신규화학물질
3. 유독물질
4. 허가물질
5. 제한물질
6. 금지물질
7. 사고대비물질

① 「화학물질관리법」(이하 "법"이라 한다) 제9조제1항 각 호 외의 부분에 따른 화학물질확인(이하 "화학물질확인"이라 한다)은 다음 각 호의 어느 하나에 해당하는 서류에 따라 하여야 한다.

1. 제조하거나 수입하려는 제품을 구성하는 화학물질명, 화학물질의 함량, CAS(Chemical Abstracts Service) 번호 등을 적은 서류(이하 "성분명세서"라 한다)
2. 제조자·수출자 또는 확인을 위임받은 자가 제공하는 화학물질확인 관련 서류
3. 제3조제2항에 따른 증명서

② 제1항에 따라 화학물질확인을 한 자는 별지 제1호서식의 확인명세서에 제1항 각 호의 서류 중 화학물질확인에 이용한 자료를 첨부하여 법 제53조제1항에 따라 설립된 화학물질 관리에 관한 협회(이하 "협회"라 한다)에 제출하여야 한다. 이 경우 시험용·연구용·검사용 시약이나 시범 생산용 등 시장출시에 직접적으로 관계되지 아니하는 화학물질의 경우에는 제조 또는 수입 후 30일 이내에 제출할 수 있다.

→ 첨부2. (제조, 수입) 화학물질 확인명세서(화학물질관리법 시행규칙 별지 제1호 서식) 참조

→ 한국화학물질관리협회의 '화학물질 확인명세서' 접수 담당자인 ○○○님(☎ 02-3019-6772)과 통화상 제출은 온라인, 등기우편 및 직접 제출이 가능합니다. 아울러 화학물질 확인명세서의 제출 대상이나 제출하지 않았을 경우의 문제점을

물었으나 그 부분은 한국화학물질관리협회의 업무보다는 환경부 등의 업무로서 문제 발생할 수 있다는 답변을 들었습니다. (환경부로의 질의는 하지 않았습니다.)

2. 화학물질의 등록 및 평가 등에 관한 법률 관련(이하 화평법 기술, 필요 부분만 발췌)

화평법 제8조(화학물질 제조 등의 보고)

① 신규화학물질 또는 연간 1톤 이상 기존화학물질을 제조·수입·판매하는 자는 환경부령으로 정하는 바에 따라 화학물질의 용도 및 그 양 등을 매년 환경부장관에게 보고하여야 한다.

② 다음 각 호의 어느 하나에 해당하는 화학물질에 대하여는 제1항을 적용하지 아니한다.

  1. 기계에 내장(內藏)되어 수입되는 화학물질

  2. 시험운전용으로 기계 또는 장치류와 함께 수입되는 화학물질

  3. 특정한 고체 형태로 일정한 기능을 발휘하는 제품에 함유되어 그 사용 과정에서 유출되지 아니하는 화학물질

  4. 그 밖에 조사용·연구용으로 제조·수입되는 화학물질 등 대통령령으로 정하는 화학물질

① 신규화학물질 또는 연간 1톤 이상 등록대상기존화학물질을 제조·수입하려는 자는 제조 또는 수입 전에 미리 등록하여야 한다. 다만, 사람의 건강 또는 환경에 심각한 피해를 입힐 우려가 크다고 인정되어 평가위원회의 심의를 거쳐 환경부장관이 지정·고시한 화학물질에 대하여는 제조량·수입량이 연간 1톤 미만이더라도 등록하여야 한다.

② 제1항에도 불구하고 등록대상기존화학물질을 제조·수입하려는 자는 대통령령으로 정하는 바에 따라 주어진 등록유예기간(이하 "등록유예기간"이라 한다) 동안에는 등록을 하지 아니하고 제조·수입할 수 있다.

→ 화평법 제10조(화학물질의 등록) 관련하여 첨부3. 으로 2016년도 한국화학융합시험연구원에서 제공한 자료 보내드립니다. 등록 시 비용(분담), 주체 등의 내용이 담겨져 있습니다. 마지막 페이지에 한국화학융합시험연구원 담당자 연락처가 있으니 도움이 되실 것입니다.

관련 법령

화학물질관리법·시행령·시행규칙

화학물질의 등록 및 평가 등에 관한 법률·시행령·시행규칙

한국화학물질관리협회 담당자 통화

한국화학융합시험연구원 등록대상기존물질의 공동등록전략 자료 등

수입식품 등 수입·판매업 등록 등 관련 정리

▌ 질의 요지

귀사에서 문의하신 수입식품 등 수입·판매업, 해외제조업소 등록 관련하여 정리합니다. 당사에서는 귀사에서 제공한 정보만을 가지고 검토하였습니다.

▌ 검토 의견

1. 수입식품 등 수입·판매업 관련(필요 부분만 발췌)

제14조(영업의 종류와 시설기준)

① 다음 각 호의 영업을 하려는 자는 총리령으로 정하는 시설기준에 맞는 시설을 갖추어야 한다.

　　1. 수입식품 등 수입·판매업(수입식품 등을 수입하여 판매하는 영업을 말한다)

제15조(영업의 등록 등)

① 제14조제1항 각 호에 따른 영업을 하려는 자는 식품의약품안전처장에게 영업등록을 하여야 한다. 등록한 사항 중 대통령령으로 정하는 중요한 사항을 변경할 때에도 또한 같다.

수입식품안전관리특별법 시행규칙

제16조(영업의 등록 등)

① 법 제15조제1항 본문에 따라 영업등록을 하려는 자는 영업에 필요한 시설을 갖춘 후 별지 제17호 서식의 영업등록신청서(전자문서로 된 신청서를 포함한다)에 다음 각 호의 서류(전자문서를 포함한다)를 첨부하여 지방식품의약품안전청장에게 제출하여야 한다. 이 경우 지방식품의약품안전청장은 「전자정부법」 제36조제1항에 따른 행정정보의 공동이용을 통하여 토지이용계획확인서 및 건축물대장을 확인하여야 한다.

　　1. 교육이수증(법 제17조제1항 본문에 따라 미리 교육을 받은 경우만 해당한다)

　　2. 보관시설 임차계약서(보관시설을 임차한 경우만 해당한다)

　　3. 영업장의 시설내역 및 배치도(수입식품 등 보관업만 해당한다)

　　4. 제15조제2항에 따른 보세창고·보관시설에 대한 「관세법」·「자유무역지역의 지정 및 운영에 관한 법률」에 따른 특허·신고·허가에 관한 서류(수입식품 등 보관업만 해당한다)

　　5. 「국유재산법 시행규칙」 제14조제3항에 따른 국유재산 사용허가서(국

유철도의 정거장시설에서 수입식품 등 수입·판매업을 하려는 경우만 해당한다)

6. 「도시철도법」에 따른 도시철도운영자와 체결한 도시철도시설 사용계약에 관한 서류(도시철도의 정거장시설에서 수입식품 등 수입·판매업을 하려는 경우만 해당한다)

2. 해외제조업소 등록 관련(필요 부분만 발췌)

수입식품안전관리특별법

제5조(해외제조업소 등록)

① 수입식품 등을 국내로 수입하려는 자 또는 해외제조업소의 설치·운영자(이하 "수입자 등"이라 한다)는 해당 해외제조업소의 명칭, 소재지 및 생산 품목 등 총리령으로 정하는 사항을 제20조에 따른 수입신고 7일 전까지 식품의약품안전처장에게 등록하여야 한다.

수입식품안전관리특별법 시행규칙
제2조(해외제조업소의 등록 등)

① 「수입식품안전관리 특별법」(이하 "법"이라 한다) 제5조제1항에 따라 해외제조업소 등록을 하려는 자는 별지 제1호서식의 해외제조업소 등록신청서(전자문서로 된 신청서를 포함한다)를 식품의약품안전처장에게 제출하여야 한다.

② 법 제5조제1항에서 "해외제조업소의 명칭, 소재지 및 생산 품목 등 총리령으로 정하는 사항"이란 다음 각 호의 사항을 말한다.

1. 해외제조업소의 명칭, 소재지, 대표자, 전화번호, 전자우편주소 및 해당 국가명
2. 생산 품목
3. 영업의 종류
4. 식품안전에 관한 관리시스템 적용 여부

▌관련 법령

수입식품안전관리특별법·시행령·시행규칙

'17년도 하반기' 수입식품 민원설명회' 자료(경기지방식품의약품안전청) 등

식품검사 신고가 필요하지 않은 경우 관련 근거규정

█ 질의 요지

귀사에서 식품검사 신고가 필요하지 않은 경우의 근거 규정에 대하여 문의하였습니다. 당사에서는 귀사에서 제공한 정보만을 가지고 검토하였습니다.

█ 검토 의견

1. 근거: 수입식품 안전관리 특별법 시행규칙 별표9. 수입식품 등의 검사방법

1. 신고가 필요하지 않은 수입식품 등

　가. 우리나라에 있는 외국의 대사관·공사관·영사관 그 밖의 이에 준하는 기관에서 수입하는 공용의 수입식품 등 또는 그 기관에 소속된 공무원 및 그 가족이 수입하는 자가소비용 수입식품 등

　나. <u>여행자가 휴대한 것 또는 국제우편물·국제특송화물(수입식품 등 인터넷 구매 대행업의 영업등록을 한 자에게 요청하여 수입하는 경우는 제외한다) 등으로서 자가소비용으로 인정할 수 있는 수입식품 등</u>

　다. <u>무상으로 반입하는 상품의 견본 또는 광고물품으로서 그 표시가 명확한 수입식품 등</u>

　라. 외국의 경제수역에서 해당 국가 선박과의 공동어업으로 포획·채취하여 우리나라 선박에서 냉동 또는 가공된 수산물

　마. 식품 등의 제조·가공·조리·저장·운반 등에 사용하는 기계류와 그 부속품

　바. 식품첨가물을 제조하는데 사용하는 비식용 원료

　사. 정부 또는 지방자치단체가 직접 사용하는 수입식품 등

　아. 「관세법」 제239조제1호에 따라 선용품·기용품 또는 차량용품을 운송수단 안에서 그 용도에 따라 소비 또는 사용하는 경우로서 관세청장이 수입으로 보지 아니하는 수입식품 등

　자. 무상으로 반입하는 선천성대사이상질환자용 식품

　차. 기구 또는 용기·포장을 제조하는데 사용하는 원료

　카. 그 밖에 식품의약품안전처장이 위생상 위해발생의 우려가 없다고 인정하는 수입식품 등

▌관련 법령

수입식품 안전관리 특별법·시행령·시행규칙 등

수입 예정 물품인 '알래스카 빙하수(수입 후 화장품 원료)' 관련 통관 측면 검토

▌질의 요지

귀사에서 수입 예정 물품인 '알래스카 빙하수(수입 후 화장품 원료)' 관련 통관 측면 검토를 의뢰하였습니다. 당사에서는 귀사에서 제공한 정보만을 가지고 통관 측면에 대하여 검토하였습니다.

▌검토 의견

의뢰한 물품의 예상 HS번호 정리

HS번호			용어
2201			물(천연이나 인조 광천수와 탄산수를 포함하며, 설탕이나 그 밖의 감미료 또는 맛이나 향을 첨가하지 않은 것으로 한정한다)과 얼음과 눈
	90		광천수와 탄산수 제외의 **기타**
		9000	얼음과 눈 제외의 **기타**

※ 귀사에서 제공한 수입신고필증上 HS번호 참조

2. 예상 HS번호에 대한 관세율 및 원산지결정기준(한-미 FTA의 경우로 가정)

HS번호	기본관세	FTA 세율	원산지결정기준 (한-미 FTA의 경우)
2201.90-9000	8%	0%	다른 류에 해당하는 재료로부터 생산된 것

※ 한-미 FTA의 경우 원산지증명서(자율발급) 구비 필수
※ HS번호 다를 경우 관세율 및 원산지결정기준 위와 상이

3. 예상 HS번호에 대한 세관장확인대상 정리

2201.90-9000	내용
세관장확인대상	**먹는물관리법** 먹는 샘물은 시·도지사에게 신고를 필하고 수입할 수 있음 **수입식품안전관리특별법** 식품 또는 식품첨가물의 것은 수입식품안전관리 특별법 제20조에 따라 지방식품의약품안전청장에게 신고하여야 한다.

→ 즉 HS번호 '2201.90-9000'의 경우 통관시 일반적인 관세법

수입신고 외에 수입식품안전관리특별법에 의한 식품 검사 및 먹는물관리법에 의한 신고 필수이나, 본 물품의 경우 식품의 것이 아니기에 수입식품안전관리특별법 및 먹는물관리법 비대상입니다.

4. 화장품법 대상 검토

1) 화장품법 제8조(화장품 안전기준 등)

① 식품의약품안전처장은 화장품의 제조 등에 사용할 수 없는 원료를 지정하여 고시하여야 한다.
② 식품의약품안전처장은 살균 보존제, 색소, 자외선차단제 등과 같이 특별히 사용상의 제한이 필요한 원료에 대하여는 그 사용기준을 지정하여 고시하여야 하며, 사용기준이 지정·고시된 원료 외의 살균보존제, 색소, 자외선차단제 등은 사용할 수 없다.
- 이하 생략 -

2) 화장품 안전기준 등에 관한 규정 제3조 및 제4조

제3조(사용할 수 없는 원료) 화장품에 사용할 수 없는 원료는 별표 1과 같다. (첨부 2)

제4조(사용상의 제한이 필요한 원료에 대한 사용기준) 화장품에 사용상의 제

한이 필요한 원료 및 그 사용기준은 별표 2와 같으며, 별표 2의 원료 외의
살균·보존제, 자외선 차단제 등은 사용할 수 없다. (첨부 3)

3) 수입 시 통합공고에 의한 화장품 원료 표준통관예정보고 관
   련하여 귀사에서 수입 예정 물품인 '알래스카 빙하수'는 본
   물품이 화장품 원료로 사용되는 것이기에 표준통관예정 보
   고 대상입니다.

통합공고 제33조(의약품 등, 의료기기 및 화장품의 통관절차)

② 화장품(원료포함)을 수입하여 유통·판매하려는 자는 한국의약품수출입협
   회장에게 전자문서교환방식에 의한 표준통관예정보고서를 제출하고 통관
   하여야 한다.

5. 기타

1) '빙하수'의 화장품 성분 검색 시스템上 조회 결과는 다음과
   같이 등록되어 있습니다.

| 검색항목 | 성분명 ▼ 빙하수 | | 정렬 | 오름차순 ▼ | 검색 |
| 결과내
재검색 | 성분명 ▼ | | | | |

총 1건의 자료가 조회되었습니다. (1/1)

번호	성분명	영문명	별명
1	빙하수		Glacier Water

2) 그러나 위와 같이 등록된 경우에도 '화장품 안전기준 등에 관한 규정'의 사용할 수 없는 원료 및 사용상의 제한이 필요한 원료에 대한 사용기준에 해당하는지 판단이 필요합니다.

3) 문의하신 내용 中 수입 시 물품의 포장형태에는 제한이 없습니다.

▌관련 법령

먹는물관리법

수입식품안전관리특별법

화장품법

통합공고

통일상품명 및 부호체계에 관한 국제협약과 그 부속서 등

수입 예정 물품인 '마스크 및 손소독제' 관련 통관 측면 검토

▌질의 요지

귀사에서 수입 예정 물품인 '마스크 및 손소독제' 관련 통관 측면 검토를 의뢰하였습니다. 당사에서는 귀사에서 제공한 정보만을 가지고 검토하였습니다.

▌검토 의견

1. 의뢰한 물품의 예상 HS번호 정리

1) 마스크

HS번호			용어
6307			그 밖의 제품[드레스패턴(dress pattern)을 포함한다]
	90		기타
		9000	기타

2) 손소독제

HS번호			용어
3808			살충제·살서제(쥐약)·살균제·제초제·발아억제제·식물성장조절제·소독제와 이와 유사한 물품[소매용 모양이나 포장을 한 것·조제품으로 한 것·제품으로 한 것(예: 황으로 처리한 밴드·심지·양초·파리잡이 끈끈이)으로 한정한다]
	9		기타
	94	0000	소독제

2. 예상 HS번호에 대한 관세율

HS번호	관세	아세안 / 베트남 FTA
6307.90-9000	10% (기본 관세)	0% / 0%
3808.94-0000	6.5% (WTO 협정관세)	0% / 0%

3. 세관장확인대상

HS번호	세관장확인대상
6307.90-9000	**약사법** 다음의 의약외품은 한국의약품수출입협회장에게 전자문서교환방식에 의한 표준통관예정보고를 필한 후 수입할 수 있음 • 보건용 마스크 • 수술용 마스크
3808.94-0000	**약사법** 1. 원료의약품, 완제의약품 및 의약외품은 한국의약품수출입협회장에게 전자문서교환방식에 의한 표준통관예정보고를 필한 후에 수입할 수 있음 2. 동물용의약품, 완제의약품 및 의약외품은 한국동물약품협회장의 확인을 받아 수입할 수 있음 **화학물질관리법** 다음의 것은 수입할 수 없음. 다만, 화학물질관리법 제18조 단서에 따라 허가를 받은 경우에는 수입할 수 있음. • 옥타브로모디페닐 옥사이드[Octabromodiphenyl oxide; 32536-52-0] 및 이를 0.1%이상 함유한 혼합물

▌관련 법령

통일상품명 및 부호체계에 관한 국제협약과 그 부속서 등

수입 예정 물품인 '비접촉식 체온계' 관련 통관 측면 검토

▌질의 요지

귀사에서 수입 예정 물품인 '비접촉식 체온계' 관련 통관 측면 검토를 문의하였습니다. 당사에서는 귀사에서 제공한 정보만을 가지고 검토하였습니다.

▌검토 의견

1. 예상 HS번호 정리

HS번호			용어
9025			액체비중계와 이와 유사한 부력식 측정기·온도계·고온계·기압계·습도계와 건습 습도계(이들을 결합한 것을 포함하며, 기록장치가 있는지에 상관없다)
	1		온도계와 고온계(다른 기기와 결합되지 않은 것으로 한정한다)
	19		기타
		1000	온도계

2. 예상 HS번호에 대한 관세율 정리

WTO 협정관세 0%

3. 예상 HS번호에 대한 세관장확인대상(필요 부분만 발췌)

의료기기법

1. 다음의 것은 한국의료기기산업협회장에게 표준통관예정보고를 필한 후 수입할 수 있음

- 전자체온계
- 귀적외선체온계
- 피부적외선체온계
- 색조표시식체온계
- 장치형액정온도측정기구

- 필름형액정온도측정기구
- 유헬스케어전자체온계
- 유헬스케어귀적외선체온계
- 유헬스케어피부적외선체온계

▌관련 법령

통일상품명 및 부호체계에 관한 국제협약과 그 부속서 등

수입 예정 물품인 '원료 동물용 의약품' 관련 통관 측면 검토

질의 요지

귀사에서 수입 예정 물품인 '원료 동물용의약품(CAS No. 519 -02-8, 시험 용도)' 관련 통관 측면 검토를 의뢰하였습니다. 당사에서는 귀사에서 제공한 정보만을 가지고 통관 측면에 대하여 검토하였습니다.

검토 의견

1. 의뢰한 물품의 예상 HS번호 정리

HS번호			용어

※ 귀사에서 제공한 정보가 부족하여 HS번호 분류의 어려움이 있습니다. 유권해석이
   필요한 경우 관세법 제86조(특정물품에 적용될 품목분류의 사전심사) 및 품목분류
   사전심사제도 운영에 관한 고시에 의거하여 품목분류사전심사를 권유합니다.

2. 동물용 의약품 등 취급규칙 등 관련 규정 정리(필요 부분만 발췌)

동물용 의약품 등 취급규칙 제2조(정의 등)

① 이 규칙에서 사용하는 용어의 정의는 다음 각 호와 같다.
   5. "원료 동물용의약품"이라 함은 동물용의약품을 제조하기 위한 의약품
      으로서 검역본부장 또는 수산과학원장이 인정하는 기준 및 규격에 적
      합한 것을 말한다.

동물용 의약품 등 취급규칙 제17조(연구시험용 등 동물용의약품 등의 수입신고)

① 동물임상시험·제조시험·연구시험 및 견본 등의 용도에 사용하는 동물용
   의약품 등(이하 이 조에서 "연구시험용 등 동물용의약품 등"이라 한다)을
   수입하거나 판매를 목적으로 하는 보상용 동물용의약품 등을 수입하려는
   자는 검역본부장 또는 수산과학원장에게 신고하여야 한다.
② 제1항에 따른 연구시험용 등 동물용의약품 등의 범위는 별표 6의3과 같다.
③ 제1항의 규정에 의한 신고를 하고자 하는 자는 별지 제13호서식의 신고
   서 2부에 다음 각 호의 서류를 첨부하여 이를 검역본부장 또는 수산과학
   원장에게 제출하여야 한다.
   1. 송장 또는 보류통지서사본

동물용 의약품 등 취급규칙 제17조(연구시험용 등 동물용의약품 등의 수입신고)

  2. 한글표시사항

  3. 사용계획서·시험계획서 또는 배부계획서

  4. 제품설명서

  5. 보상용임을 증명할 수 있는 서류(보상용인 경우에 한정한다)

  6. 「수의사법」 제23조제1항에 따른 대한수의사회(이하 "대한수의사회"라 한다)의 추천서(동물병원 진료용에 한정한다)

④ 검역본부장 또는 수산과학원장은 제1항의 규정에 의한 신고를 받은 경우 당해 동물용의약품 등의 성분 및 효능 등에 관한 사항을 파악하기 위하여 필요한 때에는 제2항 각호의 서류외에 제16조제1항 각호의 규정에 의한 서류를 제출하게 할 수 있다.

⑤ 검역본부장은 「가축전염병 예방법」 제2조제2호 및 같은 법 제52조에 따른 가축전염병 또는 가축전염성질병의 전파가 우려된다고 인정될 때에는 제1항의 규정에 의한 신고의 대상이 되는 동물용의약품 등의 품목 또는 수량을 제한할 수 있다.

⑥ 검역본부장 또는 수산과학원장은 제3항의 규정에 의한 서류를 제출받은 때에는 이의 타당성여부를 시험기관으로 하여금 검토하게 할 수 있다.

⑦ 살아있는 미생물을 국내에 처음으로 수입하는 자는 시험에 사용하고 남은 물량을 농림축산검역본부 또는 국립수산과학원에 제출하여야 한다.

→ 동물용 의약품 등 취급규칙 제17조(연구시험용 등 동물용의약품 등의 수입신고)의 규정은 완제 의약품만 해당됩니다. 귀사의 원료 동물용의약품이 해외에서 완제 의약품으로 판매될 경우 본 규정이 적용됩니다. 다만 반드시 본 의약품은 대한민국으로의 수입 실적이 없어야 합니다.

(농림축산식품부 동물약품관리과 ○○○ 주무관님 확인 사항 ☎ 054-912-0542)

3. 수입 예정인 원료 동물용의약품이 살아있는 병원체(바이러스 등)일 경우 허가를 받아야 하며, 허가 담당 기관은 농림축산식품부 연구기획과(○○○ 연구관님&○○○ 연구관님 ☎ 054-912-0716)입니다.

4. 그 외 본 물품이 동물성 물질이면 검역 대상입니다. 농림축산식품부 동물검역과(○○○ 주무관님 ☎ 054-912-0423)도 업무에 도움이 되실 것입니다.

▌ 관련 법령

동물용 의약품 등 취급규칙

통일상품명 및 부호체계에 관한 국제협약과 그 부속서

농림축산식품부 상담내역 등

수입 예정 물품인 '개 사료'(간식용 소시지, 태국산) 관련 통관 측면 검토

▌ **질의 요지**

귀사에서 수입 예정 물품인 '개사료(간식용 소시지, 태국산)' 관련 통관 측면 검토를 의뢰하였습니다. 당사에서는 귀사에서 제공한 정보만을 가지고 통관 측면에 대하여 검토하였습니다.

▌ **검토 의견**

1. 의뢰한 물품의 예상 HS번호 정리

HS번호			용어
2309			사료용 조제품
	10		개나 고양이용 사료 (소매용으로 한정한다)
		1000	개사료

※ 개 사료가 소매용이 아닐 경우 HS번호 상이

2. 예상 HS번호에 대한 관세율 및 원산지결정기준(한-ASEAN FTA의 경우로 가정)

HS번호	기본 관세	FTA 세율	원산지결정기준 (한-ASEAN FTA의 경우)
2309.10-1000	5%	0%	CTH or RVC 40%

※ 한-ASEAN FTA의 경우 원산지증명서(AK Form, 기관발급) 구비 필수
※ 개 사료가 소매용이 아닐 경우 HS번호 상이에 따른 관세율 및 원산지결정기준 위와 상이

3. 예상 HS번호에 대한 통합공고 및 세관장확인대상 정리

2309.10-1000	내용
통합공고	**가축전염병예방법** 가축전염병예방법 제31조에서 정하고 있는 지정검역물은 농림축산식품부장관이 지정·고시하는 수입금지지역에서 수입할 수 없음. **사료관리법** 사료용의 것은 사료관리법 제11조의 규정에 의한 규격에 적합한 경우에 한하여 수입할 수 있으며, 수입할 때마다 농협중앙회, 한국사료협회장, 한국단미사료협회장에게 신고하여야 함.

2309.10-1000	내용
세관장 확인대상	**식물방역법** 식물방역법 제10조의 규정에 의한 수입금지 지역으로부터는 수입할 수 없으며 식물검역기관의 장에게 신고하여 식물검역관의 검역을 받아야 한다. **가축전염병예방법** 지정검역물은 농림축산검역본부장에게 신고하고 검역을 받아야 한다(가축전염병 예방법 제32조에 따른 수입금지지역에서 생산 또는 발송되었거나 그 지역을 경유한 지정검역물은 수입할 수 없음). **사료관리법** 사료용의 것은 신고단체(농협중앙회, 한국사료협회, 한국단미사료협회)의 장의 확인을 받아 수입할 수 있음. **약사법** 동물용의약품은 한국동물약품협회장의 확인을 받아 수입할 수 있음.

1) 통합공고라 함은 대외무역법 제12조에 의거하여 대외무역법 이외의 다른 법령에서 수출입 요건 및 절차 등을 규정하고 있는 품목을 모아서 산업통상자원부장관이 공고한 것을 말합니다.

2) 세관장확인대상이라 함은 관세법 제226조에 의거하여 수출입을 할 때 법령에서 정하는 바에 따라 허가·승인·표시 또는 그 밖의 조건을 갖출 필요가 있는 물품은 세관장에게 그 허가·승인·표시 또는 그밖의 조건을 갖춘 것임을 증명하여

야 합니다.

3) 귀사에서 수입 예정 물품인 '개 사료(간식용 소시지), 즉 HS 번호 '2309.10-1000'의 경우 일반적인 관세법 수입신고 외에 사료관리법에 의한 사료성분등록, 사료수입신고 및 가축전염병예방법에 의한 검역 필수입니다.

4. 사료관리법 대상 검토

1) 우선 사료관리법 제12조(사료의 성분등록 및 취소) 및 동법 시행규칙 제12조(사료성분의 등록 등)에 의거하여 수입업자는 시·도지사에게 수입하려는 사료의 종류·성분 및 성분량, 그 밖에 농림축산식품부장관이 정하는 사항을 등록하여야 합니다.

2) 농림축산식품부고시인 '사료 등의 기준 및 규격' 〔별표1〕 '단미사료의 범위', 〔별표2〕 '보조사료의 범위', 〔별표3〕 '배합사료의 범위', 〔별표3의2〕 '식품 등으로서 사료의 원료로 사용 가능한 물질의 범위'를 참고하시기 바랍니다.

3) 사료관리법 제14조(제조·수입·판매 또는 사용 등의 금지) 및 농림축산식품부고시인 '사료 등의 기준 및 규격' 제5조의 2(제조·수입·판매 또는 사용 등의 금지) 등에 의거하여 일정

물질은 사료로 수입하거나 사료의 원료로 사용하여서는 아
니 됩니다.

4) 사료관리법 제19조(사료의 수입신고 등) 및 동법 시행규칙
   제20조(사료의 수입신고) 등에 의거하여 수입신고를 하려는
   수입업자는 해당 사료의 통관 전까지 일정 사료관련 단체(농
   업중앙회/한국사료협회/한국단미사료협회)에 제출하여야 합
   니다(사료수입신고서/사료성분등록증사본/한글표시포장지/
   상업송장/BSE Free Certificate 등).

5) 사료관리법 제20조(자가품질검사), 동 시행규칙 제21조(자가
   품질검사) 및 사료관리법 제21조(사료검사)에 의거하여 시설
   및 자가품질검사기준에 의거하여 일정 사항을 검사하여야
   합니다.

5. 가축전염병예방법 대상 검토

1) 가축전염병예방법 제31조(지정검역물)에 의거하여 사료 및
   사료원료는 수출입 검역 대상입니다. 가축전염병예방법에
   따른 검역 절차가 수반됩니다.

2) 농림축산식품부고시인 '지정검역물의 수입금지지역' 〔별표1〕
   '지정검역물별 수입금지지역'에 의거하여 본 지정검역물별

수입금지지역에 해당하지 아니하면 수입 가능합니다. 귀사에서 수입 예정 물품인 '개사료(간식용 소시지)'의 원료가 무엇인지 파악되어야 합니다.

(예시) 동물의 생산물중 육류(육가공품을 포함한다)

구분	수입금지 지역
가. 쇠고기	호주·뉴질랜드·멕시코·미국·캐나다·칠레·우루과이 이외의 지역
나. 돼지고기	미국·캐나다·호주·뉴질랜드·스웨덴·덴마크·핀란드·오스트리아·헝가리·벨기에·멕시코·칠레·네덜란드·스페인·아일랜드·프랑스·슬로바키아·스위스·이탈리아(가공품에 한함)·영국·독일·브라질(산따까따리나주에 한함)·포르투갈 이외의 지역
다. 산양고기, 양고기	호주·뉴질랜드 이외의 지역
라. 사슴고기	호주·뉴질랜드 이외의 지역
마. 가금육	• 신선·냉장·냉동 가금육: 브라질·칠레·호주·캐나다·태국·덴마크·미국·폴란드·스웨덴·영국·헝가리·프랑스 이외의 지역 • 열처리된 가금육: 브라질·태국·중국·프랑스·칠레·덴마크·헝가리·폴란드·스웨덴·일본·호주·네덜란드·영국·캐나다·미국 이외의 지역
바. 타조고기	뉴질랜드 이외의 지역
사. 캥거루고기	호주 이외의 지역
아. 자비우육	호주·뉴질랜드·멕시코·아르헨티나·우루과이 이외의 지역

3) 또한 추가적으로 검토되어야 할 사항으로 농림축산식품부고시인 '지정검역물의 멸균·살균·가공의 범위와 기준'으로서 가축전염병 예방법에 의한 지정검역물이 '지정검역물의 멸균·

살균·가공의 범위와 기준' 〔별표2〕 '지정검역물별 멸균·살균 및 가공의 범위와 기준'에 해당할 경우 동 고시 제6조(검역 제외 가공품의 확인)에 의거하여 수입검역 제외 확인서로 검역 제외 가공품임을 확인할 수 있습니다(열처리 증명서 또는 공정서 등).

▌ 관련 법령

사료관리법

사료 등의 기준 및 규격

가축전염병예방법

지정검역물의 수입금지지역

지정검역물의 멸균·살균·가공의 범위와 기준 등

수입 예정 물품인 '사료(건초)' 관련 통관 측면 검토

▌질의 요지

귀사에서 수입 예정 물품인 '사료(건초, 베트남산)' 관련 통관 측면 검토를 의뢰하였습니다. 당사에서는 귀사에서 제공한 정보만을 가지고 통관 측면에 대하여 검토하였습니다.

▌검토 의견

1. 사료관리법 대상 검토

1) 우선 사료관리법 제12조(사료의 성분등록 및 취소) 및 동법

시행규칙 제12조(사료성분의 등록 등)에 의거하여 수입업자는 시·도지사에게 수입하려는 사료의 종류·성분 및 성분량, 그 밖에 농림축산식품부장관이 정하는 사항을 등록하여야 합니다.

2) 농림축산식품부고시인 '사료 등의 기준 및 규격' 〔별표1〕 '단미사료의 범위', 〔별표2〕 '보조사료의 범위', 〔별표3〕 '배합사료의 범위', 〔별표3의2〕 '식품 등으로서 사료의 원료로 사용 가능한 물질의 범위'를 참고하시기 바랍니다.

3) 사료관리법 제14조(제조·수입·판매 또는 사용 등의 금지) 및 농림축산식품부고시인 '사료 등의 기준 및 규격' 제5조의2(제조·수입·판매 또는 사용 등의 금지) 등에 의거하여 일정 물질은 사료로 수입하거나 사료의 원료로 사용하여서는 아니 됩니다.

4) 사료관리법 제19조(사료의 수입신고 등) 및 동법 시행규칙 제20조(사료의 수입신고) 등에 의거하여 수입신고를 하려는 수입업자는 해당 사료의 통관 전까지 일정 사료관련 단체(농업중앙회/한국사료협회/한국단미사료협회)에 제출하여야 합니다(사료수입신고서/사료성분등록증사본/한글표시포장지/상업송장/BSE Free Certificate 등).

5) 사료관리법 제20조(자가품질검사), 동 시행규칙 제21조(자가품질검사) 및 사료관리법 제21조(사료검사)에 의거하여 시설 및 자가품질검사기준에 의거하여 일정 사항을 검사하여야 합니다.

2. 식물방역법 시행규칙(필요 부분만 발췌)

제4조(검역병해충) 법 제2조제5호에서 "농림축산식품부령으로 정하는 것"이란 다음 각 호의 병해충을 말한다.
1. 금지 병해충
   국내에 유입될 경우 폐기 또는 반송 조치를 하지 아니하면 식물에 해를 끼치는 정도가 크다고 인정하여 그 병해충이 붙어 있는 식물의 수입을 금지하는 다음 각 목의 병해충
   가. **별표 1**의 병해충

제12조(수입 금지 식물 등) ① 법 제10조제1항제1호에서 "농림축산식품부령으로 정하는 단순 경유"란 선박, 차량 또는 항공기에 실린 식물이 병해충에 감염되지 아니한 상태로 보관되어 수입 금지 지역을 통과하는 경우를 말한다.
② 법 제10조제1항제1호에 따른 수입 금지 식물, 금지 지역, 금지 병해충은 **별표 1**과 같다.

➡ 첨부 2 '수입 금지 식물, 금지 지역, 금지 병해충'에 의거하여 수입가부 확인이 필요합니다.

→ 농림축산검역본부 식물검역부 식물검역과 ☎ 054-912-0616
참고 바랍니다.

▌관련 법령

사료관리법·시행령·시행규칙

사료 등의 기준 및 규격

식물방역법·시행령·시행규칙

농림축산검역본부 식물검역부 식물검역과 통화 등

주요 성분 '파클로부트라졸' 식물 생장 억제 물질 농약 수입가능 여부 검토

▎ 질의 요지

귀사에서 수입 예정인 주요 성분 '파클로부트라졸' 식물 생장 억제물질 농약 수입가능 여부 검토를 의뢰하였습니다. 당사에서는 귀사에서 제공한 정보 및 샘플만을 가지고 수입가능 여부를 검토하였습니다.

▎ 검토 의견

1. 의뢰한 물품의 예상 HS번호 정리

HS번호		용어
3808		살충제·살서제(쥐약)·살균제·제초제·발아억제제·식물성장조절제·소독제와 이와 유사한 물품[소매용 모양이나 포장을 한 것·조제품으로 한 것·제품으로 한 것(예: 황으로 처리한 밴드·심지·양초·파리잡이 끈끈이)으로 한정한다]
	93	제초제·발아억제제·식물성장조절제
	3000	식물성장조절제

2. 예상 HS번호에 대한 통합공고 및 세관장확인대상 정리

3808.93-3000	내용
통합공고	**농약관리법** 1. 농약관리법의 규정에 의해 등록된 품목으로 농약 수입업 등록을 받은 자만이 수입할 수 있음
세관장확인대상	대상 없음

1) 통합공고라 함은 대외무역법 제12조에 의거하여 대외무역법 이외의 다른 법령에서 수출입 요건 및 절차 등을 규정하고 있는 품목을 모아서 산업통상자원부장관이 공고한 것을 말합니다.

2) 세관장확인대상이라 함은 관세법 제226조에 의거하여 수출입을 할 때 법령에서 정하는 바에 따라 허가·승인·표시 또는 그 밖의 조건을 갖출 필요가 있는 물품은 세관장에게 그 허가·승인·표시 또는 그밖의 조건을 갖춘 것임을 증명하여

야 합니다.

3) 수입통관 단계상 세관장확인대상이 없으므로 통관은 가능하나, 궁극적으로 통합공고상 농약관리법에 의해 등록된 품목으로 농약수입업등록을 받은 자만이 수입할 수 있으므로 통합공고상 등록되지 아니한 품목을 수입하거나 농약 수입업 등록을 받지 아니한 자는 수입할 수 없다는 결론입니다(아래 상세 설명).

3. 농약관리법 대상 검토

1) 농약관리법 제3조(영업의 등록 등) 제1항에 의거하여 제조업·원제업 또는 수입업을 하려는 자는 농림축산식품부령으로 정하는 바에 따라 농촌진흥청장에게 등록합니다. 아울러 동조 제3항에 의거하여 제조업 또는 수입업을 하려는 자 중 농약 등을 판매하려는 자는 농림축산식품부령으로 정하는 기준에 맞는 판매관리인을 지정하여 제1항 전단에 따라 등록하여야 합니다.

2) 농약관리법 제15조(위해 우려가 있는 농약 및 원제의 수입 금지 등의 고시)에 의거하여 농촌진흥청장은 다음의 사항을 고시하여야 합니다.

1. 「특정 유해화학물질 및 농약의 국제교역 시 사전 통보 승인절차에 관한 로테르담협약」 제5조 및 제6조에 따라 협약 당사국이 수입을 금지하거나 제한하는 농약 및 원제에 대한 금지·제한의 내용
2. 로테르담협약 제10조부터 제13조까지의 규정에 따라 농약이나 원제를 수출입하는 자에 대한 수출입의 승인기준 및 그 밖의 준수사항
3. 로테르담협약 부속서Ⅲ에 규정된 농약 및 원제
4. 그 밖에 로테르담협약에 따라 정부가 고시하여야 할 사항으로서 농림축산식품부령으로 정하는 사항

3) 농약관리법 제17조(수입농약 등의 등록 등)에 의거하여 수입업자는 농약이나 원제를 수입하여 판매하려고 할 때에는 농약의 품목이나 원제의 종류별로 농촌진흥청장에게 등록하여야 합니다.

4) "위 2)의 1. 협약 당사국이 수입을 금지하거나 제한하는 농약 및 원제에 대한 금지·제한의 내용 및 위 3)의 수입업자는 농약이나 원제를 수입하여 판매하려고 할 때에는 농약의 품목이나 원제의 종류별로 농촌진흥청장에게 등록하여야 합니다."가 핵심 내용으로 본 물품이 금지·제한의 물품인지 확인 그리고 수입·판매 시 등록이 필요합니다.

농약허용물질관리제도(Positive List System)는 국내 사용등록 또는 잔류허용기준(MRL)이 설정된 농약 이외에 등록되지 않은 농약은 원칙적으로 사용을 금지하는 제도를 말합니다.

(1) 귀사에서 제공한 샘플의 성분 표시 분석 결과 '농약 및 원제의 등록기준' 고시 별표 8의2에 의거하여 품목 등록이 제한되는 농약이 있는지 확인 필요합니다.

※ 참고사항

'농약 및 원제의 등록기준' 별표 4의 2에 의거하여 농약의 일일섭취허용량은 다음과 같습니다.

ADI(Acceptable daily intake)라 함은 일일 섭취허용량으로서 인간이 한 평생 매일 섭취하더라도 장해가 인정되지 않는다고 생각되는 화학물질의 1일 섭취량을 의미합니다.

파클로부트라졸의 ADI(Acceptable daily intake)는 0.022mg/kg body weight입니다.

(2) 농촌진흥청 국립농업과학원 '농약등록현황'에서 조회한 결과 귀사의 물품은 조회되지 않습니다. 타 업체가 수입한 이력이 없다는 의미입니다. 즉 등록되지 않은 농약은 원칙적으로 사용을 금지합니다.

(농약정보서비스 농약등록현황 조회 URL: http://pis.rda.go.kr/)

5) 농약관리법의 대한민국 관련 기관은 '농촌진흥청 국립농업과학원'입니다. 농약등록관리 부서의 담당자인 ○○○ 선생님 확인 결과 위 기술된 내용(농약 수입업 등록 및 품목 등록이 제한되는 농약에 관한 사항 등)과 일치함을 확인하였습니다.

(☎ 농약등록관리 부서: 063-238-0825)

4. '농약 및 원제의 등록기준' 별표1에 의거하여 수입 예정인 물품은 농약 및 원제의 등록신청요령에 따라 신청하고 동 기준 별표2(농약의 이화학 분석성적서 및 제출자료 검토기준) 내지 별표8(농약의 시료 검사기준)에 합격하여야 등록이 가능합니다. 참고로 시료 검사시 수수료는 독성시험 기준으로 400~1,000만 원 예상됩니다.

(한국작물보호협회 ○○○ 선생님 ☎ 02-3474-1590~4)

▌ 관련 법령

농약관리법

농약 및 원제의 등록기준

농약의 수출입 승인기준 등

수출입통계 조회 방법 관련 정리

▌질의 요지

귀사에서 수출입통계 조회 방법 관련하여 문의하였습니다. 당사에서는 귀사에서 제공한 정보만을 가지고 검토하였습니다.

▌검토 의견

1. 수출입통계 조회 방법(관세청)

1) 다음의 표는 수출입통계 조회 방법 순서입니다.

구분	내용
1	검색창에 '관세청' 입력 이동 (URL: www.customs.go.kr)
2	상단 메뉴 중 '패밀리사이트' 클릭
3	하단 메뉴 중 '수출입무역통계' 클릭
4	다양한 수출입무역통계 항목 중 필요한 항목 클릭
5	검색 완료

2) 해당 화면

2. 수출입통계 조회 방법(한국관세무역개발원)

1) 별도의 수수료 지불 필요

2) 수출입실적 문의 ☎ 02-2140-0735~6

▌ 관련 법령

관세청 웹사이트

한국관세무역개발원 웹사이트 등

나오는 글

코로나19는 우리에게 다른 세상을 안겨 주었습니다. 코로나19
가 종식되어도 기존 세상이 아닌 다른 새로운 세상이 우리 곁에
있을 것이라고 생각합니다. 저의 직업인 관세사에 국한하여 생각
하여도 관세사무소의 업무 방식, 마케팅 및 영업 방법 등이 달라졌
고 달라질 것입니다. 고민을 합니다. 그리고 무엇보다 앞날에 대하
여 공부하고 고민을 합니다. 아날로그 방식에서 디지털 방식으로
그리고 미시적 사고에서 거시적 사고로 생각의 축을 조금씩 움직
이고 있습니다. 힘들고 어렵지만 의식하며 노력하고 있습니다.

제 인생에서 저자(著者)의 역할은 없는 줄 알았습니다. 첫 번째
저서인 『관세사무소에서 희망을 찾다』에 이어 두 번째 저서인 『저

의 직업은 관세사입니다』까지 역시 삶의 고민에 대한 결과물입니다. 관세사자격시험 관련 수험서가 아닌 새로운 형식의 관세&무역 관련 책을 앞으로도 많이 쓰고 싶습니다. 세 번째 책을 구상 중입니다.

또 다시 새로운 현수막을 주문합니다. '동행 관세사무소가 初心을 생각합니다. 묵묵히 걷고 또 걸어가겠습니다.'

마무리하겠습니다.

소위 '대한민국은 무역으로 먹고 사는 나라'라고 합니다. 그리고 관세사는 관세 및 무역 전문가입니다. 또다시 말씀드리지만 관세사가 더 나은 서비스를 제공할 때 한국 무역을 선도하는 업체의 경쟁력은 더욱 강해질 수 있으므로 관세사의 역할이 그만큼 중요합니다. 저는 관세사를 야구에서의 마무리 투수라고 표현하고 싶습니다. 마무리 투수 뒤에는 다음 투수가 없습니다. 승부하여야 합니다. 물론 그 승부는 승리를 지키기 위하여 혼신의 힘을 다하여야 합니다. 관세사는 수출입 업체를 위하여 전문 지식을 이해시키고 알기 쉽게 전달하여야 합니다. 관세사는 대한민국 무역을 위하여 책임감을 가지고 업무를 하여야 합니다. 이것이 관세사의 사명입니다. 궁극적으로 수출입 업체의 경쟁력은 강해지고 대한민국 경제 발전에 이바지하는 것입니다. 관세사는 마무리 투수입니다.

생활 속 관세&무역 이야기와 관세사가 실제 쓴 의견서를 함께 만들어주신 모든 분들에게 감사의 말씀을 드립니다. 한국무역을 이끄는 동행 관세사무소의 많은 업체와 담당자분들에게 존경과 감사를 표합니다. 대한민국 최고의 통관 기술자인 동행 관세사무소의 컨설턴트들에게 경의를 표합니다. 고맙습니다. 감사합니다.

마지막으로 저의 가족에게 이 책을 바칩니다.